説話と奇談でめぐる奈良

福井栄一
Eiichi Fukui

朱鷺《とき》書房

はじめに

「温故知新」の大切さを説きながら、実は「知新」にばかり血道を上げる人が多い。情報化社会に暮らしているから、新奇な事物へ強く惹きつけられるのも無理はない。ただ、社会という巨大客船は、歴史というスクリューなしには航行できない。その点、奈良は日本の動力源であるといえる。奈良の推進力が日本社会の長い長い航海を支え続けている。

だから、この地の伝説や説話を読めば、その深部で今もなお歴史のスクリューが力強く回転していることに改めて気づかされるであろう。

巻末の地図を頼りに登場する地を実際に訪れてその唸りと振動を体感し、『温故』の醍醐味を味わって頂きたいと思う。

説話と奇談でめぐる奈良　目次

雷《いかずち》の岡

日本霊異記
上　第一

地図　P176

雷神の災難

少子部《ちいさこべ》の栖軽《すがる》は、初瀬《はせ》の朝倉の宮で二十三年もの間、天下を治めた雄略天皇の随臣にして、腹心の部下でありました。

磐余《いわれ》の宮に住む天皇が皇后と睦みあっている最中、栖軽がそうと知らずに御殿へ入り、輿をそいでしまったことがありました。

その時、天皇は、恥ずかしいやら腹立たしいやら、栖軽に訊ねました。

「お前は、雷神をお連れすることが出来るか」

栖軽が、

「無論でございます」

と答えたので、栖軽へはすぐにその旨の詔勅が下りました。

栖軽は宮中から退出しますと、赤いかずらを額につけ、赤い幡《はた》のついた桙《ほこ》を携えて馬に乗り、阿倍の山田の前の道と豊浦寺《とよらでら》の前の道を駆けて行きました。

そして、軽《かる》の諸越《もろこし》の街中へ至りますと、大声で、

「雷神殿へ申し上げます。帝のお召しでございます」

と呼びかけました。

それから、さきほど来た道を駆け戻りながら、

「雷神といえども、帝のお召しを無視なさることは許されませんぞ」

と言い添えました。

その刹那、豊浦寺と飯岡《いいおか》の間に、雷が落ちました。

これを見た栖軽は、ただちに神官を呼び寄せて雷神を輿《こし》へ乗せ、宮殿へお連れしました。そして、天皇へ、

「雷神様は、これに」

と奏上しますと、雷神は閃光を放って、明るく輝きました。天皇は恐懼《きょうく》し、たくさんの幣帛《へいはく》を奉って、雷神を先刻落ちた場所へとお送りしました。そこは、今でも雷《いかずち》の岡

と呼ばれています。
数年後、栖軽はこの世を去りました。
天皇は七日七晩の間、遺骸を留め置き、彼の遺徳を偲びました。
そして、雷の落ちた例の場所に、彼の墓を築いてやりました。墓には、
「雷を捉えた男　栖軽、ここに眠る」
と刻んだ碑が立てられました。
雷神はこの碑に腹を立て、柱に落雷して踏みつけたところ、衝撃で生じた裂け目に

はさまってしまい、身動きがとれなくなりました。

天皇はこれを聞き、雷神を裂け目から救ってさしあげました。雷神は、命こそ助かったものの、七日七晩は放心の態《てい》でした。

天皇は詔勅を以て、もう一度、碑柱を立てました。そこには、

「生前のみならず、死して再び、雷神を捉えた男 栖軽、ここに眠る」

とありました。

地名一口メモ《雷の岡》

奈良県高市《たけち》郡明日香村雷《いかずち》に所在する標高百メートルほどの小さな丘。飛鳥川をはさんで、対岸には甘樫丘《あまかしのおか》がある。なお、万葉集巻第三には、天皇が雷の岡へ出向いた折に柿本人麻呂が詠んだ歌「大君《おほきみ》は　神にしませば　天《あま》雲《くも》の　雷《いかづち》の上に　廬《いほ》りせるかも」が収められている。「地震、雷、火事、親父」という俚諺《りげん》を持ち出すまでもなく、雷を苦手とする人は多い。

生《い》駒《こま》

西鶴諸国ばなし
巻二

地図　P170

怪人の吐息

大和から平野村へ帰る木綿買いの男。

時雨に遭って生駒山もかすんで見えるという時分に、息継ぎの水という場所まで、ようやく走り着きました。ここは、在原業平の高安通いの逸話で有名なところでした。

しばらくすると、男のあとを追うように、八十歳はこえておろうという老人がやって来て、

「老いの身には、山道はこたえます。ご迷惑を承知でお願いするのですが、ちょっとの間でもよいので、私を背負って歩いてはもらえませんか」

と懇願しました。

男は頭を掻き掻き言いました。

「おぶって差し上げたいのはやまやまなのですが、ご覧の通り、私も大きな木綿の荷物を負わねばならず、それにあなたまでというのは、とてもとても……」

するると老人は、

「お志さえお持ちならば、何の重いことがございましょう」

と言うが早いか、鳥のように飛んで男の肩へ飛び乗りました。

男は驚きましたが、どういうわけか、ちっとも重くありません。とにもかくにも一里ほど歩き続けて松原へ至りますと、時雨もあがりました。

老人は、男の肩からひらりと飛び降り、

「さぞやお疲れのことでしょう。些少なりともお礼をして差し上げないと……」

と言って、ふうっとひと息、吐き出しました。

すると、美しい酒樽や料理の入った黄金の小鍋などが次々と眼前へ現れました。

「これだけではお寂しかろう」

と老人がまた息を吹きますと、今度は琵琶を携えた十四、五歳の美女が現れ、酌をしてくれました。

酒食に大満足の男は、極楽にでもいるような幸せな気分。老人もすっかり酔っ払い、女の膝枕でいびきをかいて寝入ってしまっています。

すると、女が小声で男に言うには、

「私はこの御方の妾なんですが、実は他に好きな男がいるんです。この人が寝ている間に、ちょっと逢ってきますから、どうかお目こぼし下さいませ」

こう言って、女がふっと息を吹くと、十五、六歳の美しい若衆が現れました。

こうして若衆と女が楽しげに歌いながらどこかへ消えてしまったので、男は老人が目を覚まさないかとひやひや。しばらくして二人が帰って来て、女が若衆を飲み込むと、老人がふっと目を覚まし、まずは女を飲み込み、それから先刻出した道具類を、片っ端から飲み込んでしまいました。ただし、黄金の小鍋だけは残して、男にくれました。

やがて、老人はめでたい歌を歌いながら、住吉の方へ飛び去って行きました。

男は木綿の荷を背負い、例の小鍋を提げて、村へ帰りました。

村で皆に事の顛末を語りますと、ある人が教えてくれました。

「それはきっと、生馬仙人《しょうばせんにん》ですよ。毎日、住吉から生駒へ通っていると、昔から言い伝えられています」

地名一口メモ《生駒》

広義には奈良県生駒郡を指すが、狭義には生駒山（標高六四二メートル）を主峰とする生駒山地を指す。ちょうど大阪平野と奈良盆地を分かつようにそびえており、大阪側は急峻で、奈良側はなだらかというように、対照的な地形を呈している。他に「射駒」「胆馬」「伊古麻」などの用字がある。語源的には、「い」が接頭語で、「こま」は「くま（隈・隅）」と考えるの穏当。大和の国の辺端に位置するゆえの呼称であろう。

石《いわ》淵《ぶち》寺《でら》

今昔物語集
巻第十四　第四

地図　P169

毒蛇の執心

今は昔、都が奈良にあったころのはなし。聖武天皇の御代、都の東に美しい女が住んでいました。天皇がこれを召して、寵愛の末、黄金千両を銅製の箱に入れて、女へ与えました。ほどなく天皇は崩御し、女もあとを追うように亡くなりましたが、臨終の際、「千両の黄金はかならず私の墓へ収めて下さい」と言い残しました。人々は女の言葉通りにしてやりました。

ところで、東の山に、石淵寺という寺があります。この寺へ参った者は誰ひとり無事に戻って来なかったので、参詣人はとうに絶えていました。これを聞いた吉備大臣《きびのおとど》は、「事の真相を確かめてやろう」と意気込み、単身で寺を訪れ、真夜中にお堂の仏像の前にどっかと腰を下ろしました。大臣は陰陽道の達人なので、このような大胆不敵な真似が出来たのでした。

さて、大臣が陰陽道の術で身を守りつつ静かに座していますと、お堂の背後から一陣の妖しい風が吹き、辺りには恐ろしげな気配がたちこめました。大臣が、「さては、鬼でも現れて、堂内の人間を喰いにかかろうというのだな」と思いながら、ますます入念に術で身固《みがた》めをして様子を伺っていますと、歩み寄ってきたのは鬼ならぬ、一人の美しい女でした。燈明の光で見れば、恐ろしげではあるが、見目麗しい。女は少し離れたところに腰を下ろすと、大臣にこう話しかけました。

「私は、生きている御方に申し上げたいことがありまして、こうして何年もの間、このお堂に立ち現れているのですが、堂内の者たちは、私の姿を目にするやいなや、恐ろしさのあまり、頓死してしまうのです。ところが、あなた様は怖がらずに、こうして私のそばに居て下さる。大変に嬉しく存じます。私の積年の想いを、どうぞお聞きになって下さいませ」

大臣が話を続けるように促すと、女が言うには、

「私はかつて帝の寵愛を受け、黄金千両まで頂戴しました。ただ、生きている間にそ

の黄金を使わずじまいでしたので、最期に臨んで急にその黄金が惜しくなり、遺言で墓へ埋めてもらったのです。その執着の罪ゆえに、私は毒蛇の性根に囚われ、黄金から離れられずに、いつまでも墓の周りに留まっております。このままでは、私はこの先もずっと蛇身のまま、苦しみ続けねばなりません。そこであなた様にお願いと申しますのは、私の墓の場所をお教えしますので、どうか墓から黄金千両を掘り出し、うち五百両を使って法華経を書写供養し、私をこの辛苦からお救い下さい。残りの五百両は、お礼としてあなた様に差し上げます」

大臣が申し出を応諾すると、女は墓の在り処を示してから姿を消しました。

翌朝、大臣は人を集め、黄金を掘りにかからせました。

「祟りがあるから、やめておけ」と止める人もありましたが、無視して作業を進めますと、土の下では一匹の蛇がとぐろを巻いていました。これを見た大臣が、「お前から告げられた通りに事を運んでいるというのに、まだこんなところでぐずぐずしておるのか」と一喝しますと、蛇はたちまちに姿をくらませてしまいました。見ればそのあとには、銅製の箱がありました。開けてみますと、女の言った通り、千両の黄金が詰まっていました。

大臣は、自分の礼金のことなど考えずに、その金を全部使って法華経を書写させ、法華八講《ほっけはっこう》の法会を営んで、手厚く供養してやりました。

その夜、大臣の夢の中に例の女が現れました。この間とはうって変わって美しい衣装を身にまとい、全身からまばゆい光を放っていました。女は、大臣のおかげで、蛇身から兜率天《とそつてん》へ生まれ変わることが出来たと丁重に礼を言い、天空へ登っていきました。

地名一口メモ《石淵寺》

高円山《たかまどやま》（奈良市白毫寺町《びゃくごうじちょう》、標高約四三二メートル）の中腹に所在した寺。現在の白毫寺（同町）はその一院であると言われているが、寺跡は定かではない。白毫寺の開基は勤操《ごんぞう》僧都。真言律宗。勤操は空海の師と言われる名僧で、同寺で法華八講を創始したと伝わる。白毫寺の本尊は阿弥陀如来（重文）。境内には、樹齢四〇〇年を超える「五色の椿」があり、一本の樹に白、赤など、複数色の花を咲かせる。

殖《うえ》槻《つき》寺《でら》

今昔物語集
巻第十六　第八

地図　P172

観音の霊験

今は昔、大和国敷下郡《しきのしものこおり》に、殖槻寺がありました。

等身大の銅製の聖観音《しょうかんのん》が安置されており、霊験あらたかなことで知られていました。寺の近所には郡司一家が住んでいましたが、夫婦は一人娘をいたく可愛がり、寺へ連れて行っては、

「この子に女の魅力と富をお授け下さい」

と、観音へ熱心に願をかけていました。

やがて、娘は一人前に育ち、言い寄る男もたくさんいたのですが、両親があまりにも選り好みするものですから、婿が決まらぬまま、月日ばかりが流れていきました。

そのうちに、どうしたわけか父母が立て続けに病没し、娘はただ独り、家に残されて

しまいました。次第に家は荒れ果て、使用人たちも散っていきました。父母が残してくれた田畑もいつしか人手にわたり、とうとう日々の暮らしに困るほどに落ちぶれてしまいました。ただ、こうして数年を過ごすうちにも、娘は殖槻寺の観音への参拝を欠かさず、

「私は父母を失い、天涯孤独の身の上です。家の財産は、もはやこれっぽっちも残されておりません。どうか哀れと思し召しまして、この身に福を授けて下さいませ」

と祈り続けました。

　ところで、隣の郡の郡司には三十歳の息子がいました。なかなかの好男子でした。この男には最愛の妻がいましたが、お産で命を落としてしまい、いまはやもめでした。喪が明けると、男は、

「都で新しい妻を見つけよう」

と心に決め、都への道を急ぎましたが、日が暮れてきたので、道中、目についた家に頼んで一晩泊めてもらうことにしました。実はそこが、例の娘の家だったのです。女主人たる娘は、泊まることをしぶしぶ許したものの、同じ屋根の下に見ず知らずの男

が寝ていると思うと不安で、家の西の隅へ引きこもっていました。

一方、男は、わずかばかり残っていたこの家の従者から、ここが亡くなった郡司殿の家で、その愛娘が西の隅にいると聞き、どうしても気になるので、思い切って女主人の部屋を訪ねてみた。見れば、予想以上に美しい女でしたので、そのまま契りを結んでしまいました。

翌朝、男は女のもとで、まだすやすやと眠っていました。困ったのは女の方です。男に食事をふるまおうにも、貧しすぎて何も買えなかったのです。女は例のお堂へ行き、観音に涙ながらに苦衷を訴えました。家へ戻ると、裕福な隣家から、たくさんの食べ物と食器類の入った長持が届けられていました。使いの下女が、

「お客様がお見えだと伺ったので、どうぞお役立て下さい。あとで食器類だけお返し頂いたら結構ですので……」

と口上を述べて帰って行こうとするので、女はせめてものお礼にと、着物を脱いで下女へ渡しました。下女は着物を受け取ると、それを羽織って去って行きました。

さて、男へ食事を供していますと、隣家から今度は絹十疋《ぴき》・米十俵が届きました。

感激のあまり、女は隣家まで出向きました。隣人が奥から出て来たので、贈り物のお礼を言おうとしましたが、先方は、自分にはまったく身におぼえがないと、これを怪しむばかりでした。女は首をかしげながら帰宅し、しばらくして、いつものように観音参りへ出かけました。そして、観音像を見て驚きました。隣家の下女に持たせた自分の着物を観音像がまとっていたからでした。女は、すべては観音の取り計らいであったと初めて悟り、感涙にむせびながら礼拝しました。

地名一口メモ《殖槻寺》

原文に敷下郡《しきのしものこおり》とあるが誤認。正確には添下郡《そえしも》。現在の奈良県大和郡山市殖槻町にある植槻八幡神社は同寺の鎮守だったとされるから、寺地はこの近くであったと思われる。創建・廃絶ともに未詳。和銅二年（七〇九）には、藤原不比等が維摩会《ゆいまえ》を行い、法相宗の僧　浄達《じょうたつ》に座主を務めさせたという。なお、同寺の鐘楼は天禄四年（九七三）に焼亡し、梵鐘は長保五年（一〇〇三）に薬師寺へ移された。

宇太郡《うだのこおり》

日本霊異記
上　第十三

地図　P175

仙女の誕生

大和国宇太郡漆部《ぬりべ》の里に、心の清らかな女が住んでいました。

女は、漆部《ぬりべ》の造麿《みやつこまろ》の妾《めかけ》で生来、振る舞いが高雅でした。

子は七人いましたが、家は貧しく、着るものもないので、藤の皮を織って衣に仕立て、身にまとっていました。

また、野原へ出ると、草を摘んで帰るのを常としていました。

家にいるときには、清浄を心がけ、摘んできた野草を食器に盛りつけ、子どもたちを呼んできちんと座らせ、笑みを浮かべながら家族と団欒しました。

日々、このように愚直に暮らすさまは、まるで天上世界から下って来た者のようでした。

そして、孝徳天皇の白雉《はくち》五年（六五四）、彼女の高潔さが天に通じたものか、野に出て草を摘んで食べるうち、彼女は仙女と化して、天空へと飛んで行ったのでした。

このことからも分かるように、なにも仏法修行に明け暮れずとも、折り目正しく高雅な生き方を続けていれば、仙草に感応して通力自在となるのです。

『精進女聞経《しょうじんにょもんきょう》』にも、

「俗人として暮らしていても、心を正しく持って、庭を掃き清めれば、浄土で得られるがごとき功徳が身に具わる」

とあります。

地名一口メモ《宇太郡》

現在の奈良県宇陀市のあたり。用字は、歴史的には宇太、宇陀の他にも、宇田、菟田、雨多など、多数ある。『日本書紀』皇極三年三月条にすでに、「菟田郡」「菟田山」の語が見える。語源としては、「うだ」の「だ」を「た(田)」と解した上で、「う」を接頭語とみる見解が多いが、湿地を意味する「うた(浮田)」に由来するという説も捨て難い。宇陀市榛原《はいばら》に「澤《さわ》」、宇陀市菟田野に「大澤《おおさわ》」という地名があることも傍証になるか。

大《おお》峰《みね》

曽呂利物語
巻一　十

地図　P178

狐の復讐

ある山伏が、大峰山中で昼寝をしていた狐に、いたずらをしかけました。寝ている狐にこっそり近づき、耳元で思い切り法螺貝を吹き鳴らしたのです。狐は肝を潰して、はね起き、姿をくらませてしまいました。

さてその山伏が、なおも山中を進みますと、まだ真っ昼間のはずなのに、空が暗くなり、日が暮れてしまいました。

不思議に思いながら足を速めましたが、道ははかどらず、泊まれそうな宿も見当たりません。

仕方がないので、とある墓場へ立ち入り、火屋《ひや》（火葬場）の天井裏で一夜を明かすことにしました。

そうこうするうち、外から物音が聞こえてきましたので、覗いてみますと、遠くからたくさんの光の列がやって来ます。近づいてきたところを見ますと、葬列でした。二、三百人からなる大行列は墓地へ着きますと、さまざまに供養を営んだあと、遺骸に火をかけ、立ち去って行きました。

「よりにもよって、拍子の悪いときにお弔いがあったもんだ」

と山伏がぼやいておりますと、なんと、さきほど火をかけられた遺骸が身震いをしながら、炎中より飛び出してきたではありませんか。

そして、周囲を見回し、隠れていた山伏を目ざとく見つけると、きっとにらみつけて、

「そこにいるのは誰だ。うーむ、まあ、誰でも構わぬ。勝手の分からぬ死出の旅路を独りで行くのは、心細い限りだ。お前には同道してもらおう」

と言うが早いか、山伏に襲いかかりました。

山伏は、恐怖のあまり気を失ってしまいました。

しばらく経って、山伏の意識が戻りました。

辺りは、まだ夕方にもなっておらず、墓地もありませんでした。例の狐にしっぺ返しを喰らって、化かされたのに違いありません。

地名一口メモ《大峰》

奈良県吉野郡天川村《てんかわむら》東部にそびえる大峰山脈の主峰山上ヶ岳《さんじょうがたけ》の通称。標高は、一七一九メートル。古来、修験道の聖地として崇敬を集めている。吉野から同地や熊野へと続く道は、「奥駆道《おくがけ》」の名で知られる。長らく女人禁制であったが、昭和三十五年(一九六〇)に、洞川《どろがわ》までは、その禁が解かれた。なお、山上ヶ岳の山頂には、金剛蔵王権現を本尊とする大峰山寺《おおみねさんじ》がある。

岡《おか》本《もと》寺《でら》

今昔物語集
巻第十六　第十三

地図　P173

池の秘密

今は昔、大和国平群郡鵤《いかるが》村に、岡本寺がありました。

この尼寺には、銅製の観音像が十二体、安置されていました。ところが、聖武天皇の御代に、このうちの六体が盗み出されてしまいました。寺の者たちがさんざん捜し回りましたが、盗まれた観音像は見つかりませんでした。

それから随分と月日が経った、ある夏の日のこと。郡の宿駅の西にある小さな池のほとりで、牛飼いの子どもたちが大勢で遊び興じていました。

池の中から小さな木が飛び出しており、そこに鵄《とび》がとまっていました。子どもたちはこれを見つけると、面白がって、岸辺から鵄めがけて、小石や土くれ

を投げつけました。

ところが、鵄はいっこうに驚く様子もなく、涼しい顔でそのままとまっています。

子どもたちはくやしがり、物を投げつけるのをやめて、今度はじゃぶじゃぶと池へ入り、鵄を捕まえようと近づいて行きました。

その途端、鵄の姿はかき消えました。

ただ、木は元のまま水面から突き出ています。

そこで、よく見てみますと、それは木ではなく、金の指でした。

不思議がった子どもたちは、それをつまんで引き上げてみました。

なんとそれは、観音像でした。

騒ぎを聞きつけて、大人たちがやって来ました。岡本寺の尼たちもいました。

検分してみますと、金箔こそ剥げ落ちていましたが、まさしく以前寺から盗まれた観音像でした。

尼たちは、観音像を輿《こし》に乗せ、寺まで連れ帰りました。

それ以降、近郷近在から、多くの参詣人が集まって、この不思議な観音様を熱心に礼拝したそうです。

地名一口メモ《岡本寺》

奈良県生駒郡斑鳩町岡本に所在する寺。法起寺《ほうきじ》のこと。聖徳宗。聖徳太子の岡本宮はこの辺りにあったと考えられる。太子の皇子である山背大兄《やましろのおおえの》王《おう》の創建。慶雲三年（七〇六）完成の三重塔は、日本最古で国宝。高さは二十四メートル。法隆寺五重塔と建築様式上の類似点が多い。なお、三重塔の露盤銘は原物が失われて書写しか残っておらず、内容の信憑性をめぐって議論が絶えない。本尊は十一面観音。

香《か》具《ぐ》山《やま》

御伽物語
巻四　第六

地図　P176

殺生の報い

大和国の住人某は、家が豊かで、その身は高貴で、力量もあり、常に狩りを楽しんでいました。

ある夜、某は、若党・草履取り・犬飼を連れて、香具山の麓《ふもと》へ狩りに出かけました。

獲物を捜して山中を巡り歩くうち、行く手に大きな釣鐘が現れました。

人間が鋳たとは到底思えないほど巨大な鐘でした。

しばらくすると、この鐘がぐんぐんと迫って来て、とうとう主従四人に覆いかぶさってしまいました。

そして、こんな大音声が聞こえました。

「こんな目に遭っても、またこの山へ来るつもりか」

真っ暗な鐘の中に閉じ込められて、四人はなすすべもなく震えていました。
某は屈強の者でしたが、今度ばかりは恐ろしくて呆然とするばかり。
「どうかお赦し下さい。二度とこの地へは参りませんので」
と力なくつぶやくのが、精一杯でした。
すると、巨鐘はぱっと姿を消し、四人は元の山道に立ちつくしていました。
おそらくは、春日明神の戒めであったのでしょう。

地名一口メモ《香具山》

奈良県北部、橿原市東部の山。大和三山の一。「かぐやま」の用字は、「香久山」「賀久山」「加古也万」など、種々ある。また、「あまのかぐやま」と称する際には、「天之香具山」「天之香来山」などと書く。「かぐ」の語源は、「神威の赫々《かく》たる山」という意味の「赫」か。稜線のなだらかな姿形や山頂からの優れた眺望ゆえに、古来、恰好の歌題・画題となっている。なお、標高は約一五二メートルである。

春日大社《かすがたいしゃ》

古今著聞集
巻第二

地図　P168

狂女の正体

あるとき、高弁上人（明恵）は、釈迦由来の地を巡拝するべく、弟子十数人を引き連れて、天竺（インド）へ渡ろうと思い立ちました。そこで、旅立ちのご挨拶のために春日大社へ足を運びました。

するとそのおり、六十頭もの鹿が膝を折って地にひれ伏して、上人を拝礼しました。その後、上人が生地の紀伊国湯浅郡を訪れますと、上人の伯母にあたる女房が突如、神がかりになり、春日大明神のご託宣を告げました。

「私は、仏法を守護するために、この日本国に神の姿となって来臨したのである。にもかかわらず、汝はこの国を捨てて、どこへ行こうというのか」

上人が、

「あなた様は、本当に春日大明神でいらっしゃいますか。私には信じられません。あなた様が本物でいらっしゃるなら、霊験をお示し下さい」

と問いますと、

「私のことを疑うとは、何事か。かつて汝が我が山へ参ったおり、六十頭の鹿が膝を

折って拝礼したであろう。あれは、汝を敬ってのことではないぞよ。汝の六尺ほど頭上を私が飛び回って離れなかった故に、鹿たちが畏れて膝を折ったのだ」

との答えでした。

すると、上人が言うには、

「鹿たちが膝を折ったのは事実ですが、それをご存じというだけでは、まだ私の疑いは晴れません。到底、人間業《にんげんわざ》とは思えないような奇瑞をお示し下さいませ」

これを聞いた女房は、にわかに飛び上がり、家の梁《はり》に腰を下ろしました。その顔は、瑠璃のように青く透き通り、口からは白い泡つばを垂らしていました。その泡つばからは芳香が漂ってきました。

ここに至って上人は初めて納得し、春日大明神に呼びかけました。

「長らく華厳経《けごんきょう》を学んでおりますが、腑に落ちぬ箇所がたくさんございます。お教え願えませんか」

上人が硯と紙を持ち出し、経のあちらこちらの文言を書き連ねて質問しますと、春日大明神はそれらの疑問をひとつひとつ、丁寧に解き明かして下さいました。

上人は、感激して随喜の涙を流し、天竺渡海のことも思いとどまりました。

ちなみに、例の白い泡つばですが、その芳香は近郷近在にまで漂い及びましたので、驚き怪しんだ人たちが大勢やって来て、その奇瑞に手を合わせました。

女房は、三日間も梁の上に端坐していました。

誠に不思議な出来事でございました。

地名一口メモ《春日大社》

奈良市春日野町に所在する。主祭神武甕槌命《たけみかづちのみこと》（常陸鹿島神《かしまのかみ》）は、鹿島から白鹿の背に乗り春日御蓋山《みかさやま》へ来臨したという。このため、鹿は神使とされる。創建は、神護景雲二年（七六八）。藤原氏の氏社として、平安後期以降は興福寺と一体的に繁栄したが、明治期の神仏分離令により興福寺の支配から脱した。なお、春日神社から春日大社への改称は、昭和二十一年（一九四六）である。

片《かた》岡《おか》山《やま》

沙石集
巻第五末ノ七

地図　P174

聖徳太子との邂逅

聖徳太子は、用明天皇の御子《みこ》です。

異国の人をご覧になりたいというので、お姿をやつして童子の中に紛れておられたにもかかわらず、高麗から来日した日羅《にちら》が太子を見つけて拝礼し、

「敬礼救世観世音《きょうらいぐぜかんぜおん》、
伝灯東方粟散王《でんとうとうほうぞくさんおう》」

と唱えたという一件以来、太子が観音の化身でいらっしゃることは、周知の事実となったのでした。

さて、ある時、太子が馬にて片岡山にさしかかりますと、馬が急に歩みを止めました。

いぶかしがってご覧になりますと、異様な風体《ふうてい》の僧が一人、飢えて路傍に臥せっていました。
太子は下馬し、しばらく僧とお話をなさった後、ご自分の紫の袍《うえきぬ》をお脱ぎになって、僧に掛けてやりました。また、次のような和歌をお詠みになりました。

しなてるや　片岡山に　飯《いひ》に飢ゑて　臥せる旅人　あはれ親なし
（片岡山で飢えて臥せる旅人の哀れなことよ。親もいないとは……）

すると、僧が返歌をして曰く、

いかるがや　とびの緒河《おがわ》の　絶えばこそ　わが大君《おおきみ》の　御名《みな》は忘れず
（斑鳩の富雄川の流れが絶えでもしない限り、わが大君のお名前を忘れはしません）

僧の正体は、じつは、かの達磨大師でありました。

平氏が撰《せん》した『聖徳太子伝暦《でんりゃく》』には、

「聖徳太子は、前世では、大唐の衡州《こうしゅう》衡山《こうざん》の恵思禅師《えしぜんじ》でいらした」

と記されています。

達磨大師は、

「かの東海の国（日本）の人々は、いまだに因果の理《ことわり》を知らないし、仏法を聞いたこともないのです。それゆえ、生き物を殺して、日々の衣食をまかなっています。あな

たはあの国にご縁がおありです。あの国に生誕なさり、仏法をひろめて、衆生に利益《りやく》をお与えになられるのが宜しかろう」

とお勧めになりました。この勧めがあったればこそ、恵思禅師は日本の聖徳太子へと転生なさったのです。

本朝に仏法がひろまっているのは、ひとえに太子のおかげです。

地名一口メモ《片岡山》

大和川の支流である葛下《かつげ》川左岸の丘陵名。「片岡」や「片岡山」はしばしば歌題とされた。たとえば『古今和歌集』巻五は、「霧立ちて　雁ぞ鳴くなる　片岡の　朝の原は　もみぢしぬらむ」という読み人知らずの歌を収める。また、『枕草子』にも「岡は船岡、片岡」との記載が見える。聖徳太子と達磨大師との邂逅伝説にちなんで築かれた達磨塚は、やがて達磨寺となった。奈良県北葛城郡王寺町本町に所在する臨済宗南禅寺派の寺である。

元《がん》興《ごう》寺《じ》

今昔物語集
巻第十一　第十五

地図　P168

霊珠の光

新羅国の国王は、東天竺の生天子国《しょうてんしこく》に霊験あらたかな仏像があると聞き、これを自分の国でお祀りしたいものだと考えました。

この国の宰相は才知にたけた者でしたので、王の意を汲み、生天子国へ渡ると、密かにその仏像を盗み出し、船に乗せて帰国の途につきました。

すると、いままで静かだった海が急に荒れだし、暴風は吹きすさび、大波が逆巻いて、船はいまにも沈みそうになりました。

宰相は、

「竜神の怒りを鎮めねば、船は沈んでしまう」

と考え、積んでいた宝物を次々に海へ投げ入れました。

しかし、嵐はいっこうにおさまりません。

そこで、命には代えられぬというわけで仕方なく、例の仏像の眉間に埋め込まれた珠《たま》を抉《くじ》り出し、海中へ投じました。

すると途端に、風や波は静まり、海はいままでの嵐が嘘のように凪ぎました。

宰相は、

「海の藻屑と消えることは避けられたけれども、大事な珠を竜神に取られたとあっては、帰国したところで、王に首を刎ねられること必定だ。このまま海上をさまよって暮らすほかない」

と嘆き悲しみました。

すると、竜神が現れて言うには、

「われわれ竜の一族は、生まれながらに九つの苦しみを負わされておる。珠は、その苦しみを除くのに必要なのだ。ただ、お前が他の方法でわれわれの苦を除いてくれるというのなら、珠を返してやらなくもないぞ」

宰相はこれを聞いて喜び、さっそくに『金剛般若経』という有難い経典を書写して捧げました。

この経のおかげで竜神は苦しみから救われたらしく、やがて珠は宰相の手に戻ってきました。宰相は珠を仏像の眉間に戻すと、急いで帰国し、国王に仏像を献上しました。国王はただちに伽藍を建立し、仏像を安置しました。寺へは数千の僧が集まり住み、仏法は大いに興隆したのでした。

ところが……。

竜神が宰相に珠を返すとき、珠の湛えていた尊き光をこっそり奪ってしまったためか、数百年もすると、同国の仏法は衰微しました。いつしか大きな波が堂の近くまで打ち寄せるようになり、これを恐れた僧たちは寺を捨てて逃散する始末でした。

ところで、このころ、日本の元明天皇は、新羅国のこの仏像の話を耳にして、日本でお祀りしたいものだと願っていました。

そこで、ある僧が新羅国へ漕ぎ渡り、堂の前に船を寄せると、夜陰に紛れてかの仏像を運び出し、日本へ持ち帰りました。

天皇は、この僧が献上した仏像を安置するために堂宇を建立しました。それが、今の元興寺です。

地名一口メモ《元興寺》

奈良市中院町及び芝新屋町《しばのしんやちょう》に所在する寺。南都七大寺の一。蘇我馬子建立の飛鳥寺（元興寺）が平城遷都に伴って飛鳥から移築され、旧名の飛鳥寺、あるいは新元興寺とも呼ばれた。創建当時は壮大な伽藍群と広大な寺地を誇ったが、次第に衰微し、観音堂、極楽房、小塔院という三寺へ分立するに至った。宝徳三年（一四五一）の土一揆、安政六年（一八五九）の火災による伽藍の焼亡が、特に甚大な被害をもたらした。

金《きん》武《ぶ》山《せん》

宇治拾遺物語
巻第二

地図　P178

物語る金箔

今は昔、京の七条に、箔《はく》作りの職人がいました。御嶽《みたけ》（金武山）に参詣の後、金崩《かなくずれ》（山崩れの後、金が露出している場所）のあたりに立ち寄ってみますと、たしかに金とおぼしきものが目につきました。しめたとばかりにそれを取って、袖に包んで持ち帰り、家で砕いて粉にして調べてみますと、これが正真正銘の金でした。職人は思いました。

「不思議なこともあるものだ。『金崩れの金を取ろうとした者は、必ずや雷や地震や降雨に見舞われて、目的を果たせない』と昔から言い伝えられているのに、俺は難なく金を手に出来た。これからはあそこへ足繁く通って金を掘り取り、それを売って世渡りをしよう」

ほくそ笑みながら金を秤にかけますと、十八両もの目方がありました。

そこでさっそく箔に仕立てると、ざっと七、八千枚になりました。

「これだけの箔を、一括で買い入れてくれる上客は、いないものか」

と思っておりましたところ、「検非違使《けびいし》を務める某が、東寺の仏像を作るのに、大量の箔を欲しがっている」との噂を耳にしましたので、職人は、そそくさと検非違使のところへ売りに出かけました。

「箔がご入用ですか？」

と検非違使に持ちかけますと、

「いかにも、そうだ。そなたは、どのくらい持ちあわせておる？」

と言うので、

「七、八千枚ほどでございます」

といいながら、職人は箔の束《たば》の包みを懐から取り出して、拡げて中身を見せてやりました。職人の持参した箔は、大きく、破れもなく、色合いもよかったので、検非違使はひと目で気に入りました。

そこで、拡げて枚数を確かめるべく、検非違使が改めて箔を仔細に見てみますと、箔の一枚一枚に、小さな小さな文字で、「金の御獄《みたけ》、金の御嶽」と書かれているではありませんか。不審に思って、

「これはなんのための書きつけか」

と問いますと、言われた職人はきょとんとして、

「書きつけですって？　何のことやらわかりません。そんなものはあろうはずもございません」

と答えました。しかし、検非違使が箔を鼻先へ押しつけるので、よくよく見れば、たしかに書きつけがあったのでした。

検非違使はただごとでないのを察知して、さっそく同輩を呼び、職人を長官のもとへ連行しました。もちろん、箔も一緒に持参しました。

話を聞いた長官は驚き、

「すぐに厳しく取り調べよ」

と命じました。検非違使は職人を川原へ引っ立て、柱にくくりつけると、竹の杖で数

十回打ちすえましたので、職人の背中は血で染まり、紅の着物を水で濡らして着せたような有様となりました。職人はそのまま牢へ放り込まれ、わずか十日ほど死んでしまいました。

箔は金武山の元の場所へ返されたそうです。

この事件が起こってからというもの、人々はますます恐れおののき、金崩の金に手を出す者は一人もいなくなったということです。

地名一口メモ《金武山》

一般には「金峰山」と書く。「御金《みかね》の岳《たけ》」とも呼ばれる。黄金埋蔵伝説により、この名がある。吉野山の最南端の一峰で、青根ヶ峰《あおねがみね》の標高は八五八メートル。付近は、桜の名所。古くから修験道の聖地として崇敬を集めている。なお、金峯山寺とは、本来、山上《さんじょう》（山上ヶ岳）と山下《さんげ》（山麓一帯）の修験道場の総称。平安期には貴族の埋経が盛んに行われた。藤原道長も、寛弘四年（一〇〇七）、経筒を山上へ埋納した。

久《く》米《め》寺《でら》

今昔物語集
巻第十一　第二十四

地図　P176

仙人の浮き沈み

今は昔、大和国吉野郡に竜門寺という寺があり、二人の男が仙人になるべく、修行に励んでいました。一人はあずみ、もう一人は久米という名でした。

やがて、あずみの方が先に修行を成就させてしまい、さっさと昇天してしまいました。

残された久米も懸命に修行し、やや遅れて、ようやく空を自在に飛び回るだけの通力を身につけました。なんとか一人前の仙人の仲間入りを果たしたわけです。

ある日のこと、久米が得意満面で空を飛んでいましたところ、吉野川の岸辺で洗濯をする女を見つけました。女は着物が水に濡れないように裾をたくし上げていたのですが、その白いふくらはぎを目にするやいなや、久米は思わず欲情してしまい、途端に通力を失って、女のそばへどすんと落ちてしまいました。

それが機縁となって、久米はそれ以後、その女を妻にして一緒に暮らしました。

さて、そのころ、高市郡《たけちのこおり》で造都の普請が始まり、一帯の者たちが人夫として駆り出されました。久米もその一人でした。

普請場では、他の人夫たちは久米に声をかけるとき、

「仙人、仙人」

と言いました。

これをいぶかしがった役人がわけを訊ねたので、人夫たちは吉野川での一件を話してやりました。これを聞いた役人は、

「以前、それほどえらい仙人だったのなら、修行で得た通力のいくらかが、まだ残っていないとも限らぬな。重い材木を毎日大勢で苦労して運ばなくとも、お前の術で空を飛ばせば、あっという間に普請は終わるではないか」

と言いました。

久米は、

「仙術を忘れて、随分経った。今や私は普通の人間に過ぎぬ。術で材木を飛ばすなど、到底、無理だ」

と一旦は考えたものの、どうしたものか、

「いやいや、待てよ。愛欲の念に負けて通力を失った身とはいえ、その昔、並々ならぬ修行を重ねたことは事実だ。神仏のご加護をまだ頂戴出来るかも知れぬ」

と思い直し、

「術で材木を飛ばせるものかどうか、一度、試してみようと思います」

と答えました。

こう言うと、久米は身を清めて修行道場に籠もり、七日七晩、一心に祈り続けました。そうとは知らぬ役人たちは、久米がその後しばらく普請場へ現れないことをあげつらって、嘲笑したりしていました。雲隠れしたとでも思っていたのでしょう。

そして、八日目の朝。

一天にわかにかき曇ったかと思うと、凄まじい雷鳴と豪雨が襲ってきました。あたりは、真っ暗で何も見えません。

人々が驚き怪しむうち、やがて雷雨がやみ、空が晴れ渡ったかと思いますと、南の山中から、おびただしい量の材木が普請場めがけて飛来したではありませんか。

この奇瑞を見た役人たちは感じ入り、久米を敬い尊ぶようになりました。

やがて、久米の一件は天皇のお耳にも入り、免田三十町が下賜されました。久米はこの免田をもとに、高市郡に一寺を建立しました。

それが久米寺です。

地名一口メモ《久米寺》

奈良県橿原市久米町に所在する寺。古義真言宗。本尊は薬師如来。創建については、聖徳太子の弟・来目皇子《くめのみこ》によるとの伝説がある。眼病により失明した皇子が、薬師如来に祈願したところ、光り輝く薬師如来像が降臨し、両眼はたちまち光を取り戻した。この像を祀るべく建立されたのが同寺であるという。なお、仙術で飛行中、下界の女のふくらはぎに見とれて墜落した久米仙人は、同寺で修業したらしい。弘法大師も来訪したという。

現光寺《げんこうじ》

今昔物語集
巻第十一　第二十三

地図　P177

海の異変

今は昔、河内国和泉郡の沖合に、世にも不思議な音と光が現れました。

その音は、箏のようでもあり笛のようでもあり、また雷鳴が鳴り渡るようにも聞こえました。また、怪光は日の出の光を思わせました。昼間は音が鳴り響き、夜になると光が輝くのです。しかも、その光は東へ東へと流れ移っていくように見えました。

文部屋栖野《ふみべのやすの》はこの珍事を天皇へ奏上しましたが、天皇はまるっきり信じようとしませんでした。そこで皇后へ申し上げたところ、

「その光の正体を突き止めてきなさい」

とのお達しでした。

栖野が海上の光のあたりまで船で漕ぎ寄りますと、波間に楠《くすのき》の巨木が漂っています。

光っているのは、この木だったのです。

「霊木に違いありません。あれで仏像をお造りになられるのが宜しかろうと存じます」

と申し上げたところ、皇后の許しが得られましたので、さっそく池辺直氷田《いけべのあたいひた》という者に命じて、三体の仏像を刻ませました。

こうして出来上がった三体は、豊浦寺《とよらでら》に安置され、多くの人々の崇敬を集めました。

ところが……。

守屋大臣《もりやのおおおみ》は、あるとき、皇后にこう奏上したのです。

「仏というのは異国のものです。仏像を国に置いて、それを崇拝するなど、とんでもないことです。すぐに打ち捨ててしまわれるべきです。」

皇后はこれを聞き、栖野に、

「例の仏像をどこかへお隠し申し上げよ」

と命じました。池辺氷田は栖野からの知らせを受けて、大急ぎで仏像を稲の中に隠しました。

　そうとは知らぬ守屋は、寺に焼き討ちをかけましたが、肝心の仏像は見当たりません。

　守屋は栖野を召し出して、

「この国の災厄は、すべて仏を祀ることに起因している。例の仏像をどこへやった？」

と責め立てましたが、栖野は頑として口を割りませんでした。

　その後、守屋は皇位の転覆を狙って謀反を起こし、用明天皇の御代に討ち滅ぼされてしまいました。

そこで、かの仏像は稲の中から取り出され、吉野の現光寺に安置されました。寺へ収められる際、仏像は光を発したといいます。同寺の阿弥陀仏がそれです。

なお、現光寺の別名を「窃寺《ひそでら》」というのは、仏像を稲の中へ窃《ひそ》かに隠したという故事に由来するのです。

地名一口メモ《現光寺》

奈良県吉野郡大淀町比曾《ひそ》に所在する寺。本尊は阿弥陀如来。創建後しばらくは、地名から「比曾（比蘇）寺」ないし「吉野寺」と呼ばれた。また、「窃寺《ひそでら》」の呼称は、本話にある通り、文部屋栖野《ふみべのやすの》が仏像を窃《ひそ》かに稲の中に隠した故事による。平安時代には現光寺と呼ばれ、清和天皇や藤原道長らも参詣した。宝暦元年（一七五一）には雲門即道《うんもんそくどう》を迎え、曹洞宗世尊寺と号して現在に至る。

興《こう》福《ふく》寺《じ》

沙石集
巻第八ノ二

地図　P168

酒の出処

興福寺に智運房《ちうんぼう》という僧がいました。

なにかにつけて騒ぎを起こす人でしたので、「ひたさぎの智運房」（「ひたさぎ」とは「直騒《ひたさわぎ》」のこと。ささいなことでも大騒ぎする慌て者を指す）との異名をとり、「眠りの正信《しょうしん》」と並び称せられる有名な奇人でした。

あるとき、谷の房が火事になりました。

智運房は、手水桶《ちょうずおけ》の水を、そばにいた僧へぶっかけました。

怒った僧が、

「これ、なにをなさるのか」

と問いますと、智運房は、

「いや、愚僧はてっきり、お前様の顔に火がついたのかと思いましてなあ……」

と答えたそうです。

火炎の光が僧の顔や禿頭《はげあたま》に照りかえったのを見て、僧の頭が火事になったものと勘違いしたのでしょう。

また、こんなこともありました。

酒盛りの最中、僧たちはありったけの酒を飲み干してしまいました。

そこで、智運房は、空の瓶子《へいじ》（徳利）を提げて酒屋へお遣《つか》いに出向き、しばらくして戻ってきました。

僧たちが、

「さあ、ようやく酒がきたぞぉ」

と、喜んで瓶子の中身を銚子へ移しますと、表面に水草が浮いています。

「これはいったい、どうしたことか」

といぶかしがって、試しにひと口飲んでみますと、これが驚いたことに酒ではなくて、ただの水です。

「これは酒じゃない。水ではないか」

と尋ねますと、智運房は、

「まさか、そんなはずはありますまい。愚僧はすぐに汲みましたぞ」

と答えます。

「そなたの言っていることは、意味が分からん。どういうことだ？」

と重ねて問いますと、智運房曰く、

「今宵は夕刻から雨が降り、たたでさえ、道がぬかるんで滑りやすかった。そこへもってきて、月もおぼろで夜道はことのほか暗く、足元がおぼつかないときた。そんなわけで、愚僧は、酒屋からの帰り道、猿沢の池のほとりでうっかり足を滑らせ、その拍子に、瓶子を池へ落としてしまいましてのぉ……。もちろん、酒は池へこぼれ出たでしょうが、こぼれ出たあたりをすぐさますくい取って、ちゃんと瓶子へ戻しましたので、問題はないはずなのじゃが……。」

人騒がせなだけでなく、まったくもって愚かしい人物だったのでありました。

地名一口メモ《興福寺》

奈良市登大路《のぼりおおじ》町に所在する法相宗大本山。一般に「こうふくじ」と呼ばれているが、寺伝では「こうぶくじ」とされる。南都七大寺の一。藤原氏の氏寺。藤原鎌足の病気平癒を祈願して山科に建立された山階寺が、やがて藤原京へ移されて厩坂《うまやさか》寺となり、平城遷都に伴ってさらに現在地へ移転して、興福寺と号した。春日大社と結びつきながら、藤原氏の興隆と共に発展した。本尊は、釈迦如来。

郡《こおり》山《やま》

伽婢子
巻之十一

地図　P172

水神の悪戯

河内国弓削《ゆげ》に住む鍛冶職人の友勝《ともかつ》は、ある日、所用で大和国郡山へ出かけました。日暮れには帰路についたのですが、あまりにもくたびれたので、山中の路傍で休息をとっていました。すると、馬に乗った男が通りかかりました。馬をもう一頭、追い立てての道中です。その馬には鞍がつけられていましたが、人は乗っていませんでした。友勝はこれ幸いとばかりに、男に声をかけました。

「ひょっとして、おたく様は河内の方へ行きなさるか。ならば、お連れの馬に乗せてはもらえませんか。ひどく疲れてしまって、もはや一歩も動けんのです。どのみち乗る人のない馬ならば、ぜひこの私を……」

これを聞いた男が、

「それはお安い御用です。大和川の向こう岸まででしたら、お乗り下さい」

と快諾してくれましたので、友勝は大喜びで馬に乗せてもらって進み、やがて大和川を渡りきりますと、下馬して丁重に礼を言いました。男は馬を鞭で追い立てながら去って行きました。友勝はそこから少し歩いて、ようやく我が家へたどり着きました。

家では、妻子や兄弟など一族の者たちが膳を並べて、食事の最中でした。ところが、主人の友勝が帰ったというのに、誰ひとり見向きもしません。我が子や弟、妹の名を呼びましたがどうも聞こえていないようで、酒を飲みながら自分たちだけで談笑していました。腹を立てた友勝は声を荒げて大騒ぎしましたが、やはり気づいてもらえません。友勝は怒りに震えて、つい妻子に手を上げましたが、彼らは平気な様子で、

「この場にお父さんがいたら、もっと楽しいのにねえ」

などと言い合っていました。

ここに至って、友勝は心づきました。きっと自分はすでに死んでしまっていて、魂だけが家へ帰って来たのだと。自分の姿は彼らの目には見えていないのだと。

泣きながら家から出て、村外れで所在なげに佇んでいますと、冠を戴いた貴人が大

勢の従者を引き連れて馬で通りかかりました。貴人は友勝を鞭で指して、言いました。

「あの者にはまだ寿命が残っているというのに、魂だけがさまよい出ておる。なぜか」

するると、従者の一人が貴人の馬の前にひざまずいて答えました。

「あの者は大和川の水神に馬を借りたのでございます。それ故、水神がたわむれにあの者の魂をからだから引きずり出したのでしょう。私はそれを元に戻してやろうと存じます」

これを聞いた貴人は苦笑いしながらつぶやきました。

「たわむれとはいえ、人間の魂を弄ぶとは、水神の奴も困ったものじゃ。明日にでも懲らしめてやらねばならぬ」

やがて、例の従者が友勝を呼び寄せて言うには、

「よいか、あの御方は聖徳太子様であらせられるぞ。常々、科長《しなが》の陵《みささぎ》を抜け出されては国じゅうを巡回し、悪鬼悪神を戒めて、民の守護に努めておられるのだ。先ほど耳にした通り、わしは水神の眷属だ。今からお前を元に戻してやる。さあ、目をつぶれ」

友勝が目を閉じると、従者は後ろに回って、友勝の背中をどんと押しました。

はっと目を開けると、友勝は大和川の西岸に横たわっていました。まるで長い長い夢から醒めたような心地でした。起き上がり、急いで帰宅しますと、家族が、「ちょうど皆が集まって、楽しく食事をしたところですよ。お帰りがえらく遅かったですねえ」と言いながら、笑顔で出迎えてくれました。

そこで、友勝は事の仔細を話してやりました。これを聞いた一同の驚きは、尋常ではありませんでした。

地名ーロメモ《郡山》

かつての添下郡《そえしもぐん》東大寺領薬園《やくおん》荘内の小地名が語源。「郡家《こおりのみやけ》のある山」の意。中世に薬園殿や辰巳殿などの館を築いた領主たちは、この薬園荘の荘官の系譜に連なる者たちであろう。なお、近世の郡山城の築城は、天正年間に筒井順慶によって着手され、羽柴秀長の時代に大いに伸長、増田長盛《ました ながもり》（一五四五～一六一五）の時代に一応の完成をみた。戦略上の要地ゆえ、江戸期の歴代藩主は譜代の有力大名ばかりである。

越《こし》田《だ》池《いけ》

今昔物語集
巻第十二　第十九

地図　P172

盲女の祈り

今は昔、奈良の越田池の南に蓼原《たではら》の里があり、そこに蓼原堂という堂宇が建っていました。お堂には、薬師如来の木像が安置されていました。

さて、称徳天皇の御代、そこの村にいた盲目の女が女児を出産しました。夫はなく、母子二人で暮らしていましたが、極貧の生活で食べる物すらありませんでした。

女は、

「この辛苦は前世からの宿業なのだろう。早晩飢え死にしてしまうのは避けられないとしても、せめてこの世に生がある間は、仏前で祈りを捧げよう」

と決心して、すでに七歳に成長していた娘に手を引かせて、蓼原堂へ参詣しました。

寺僧は哀れみ、戸を開けて堂内へ招き入れ、薬師像の間近で礼拝させてやりました。

女は仏に向かって、切々と訴えました。

「私の宿業がいかなるものでありましょうとも、どうかお慈悲をもちまして、私の両眼に光をお戻し下さいませ」

さて、母子が仏の前にへたりこんで二日目のこと。

連れ添っていた娘がなにげなく仏に目をやりますと、その胸から、桃の樹液のようにねばねばしたものがしたたり落ちてきました。

そのことを娘から聞かされた女は、娘を促して、その液体を取ってこさせました。口へ入れてみますと、たいそう甘い味がします。

と、その刹那、女の両眼が開き、ものがはっきりと見えるようになりました。

女が随喜の涙を流して仏に謝し、これを伏し拝んだことは、申すまでもありません。

薬師像は、実際に御身から薬を出して、それを病苦にあえぐ人へ授けて、お救いになったのでした。

地名一口メモ《越田池》

越田池は、現在の奈良市北之庄町《きたのしょうちょう》・東九条町《とうくじょうちょう》の五徳池にあたるか。同池は、唐の長安城内の曲江池を模して人工的に造られたらしい。ちなみに、蓼原堂《たではら》の所在地は未詳。ただ、「越田池の南」という記述を重くみれば、五徳池の南の北之庄町堂ノ前・瓦山あたりに位置したとも考えられる。なお、越田村は、弘仁元年（八一〇）の薬子の変に際し、平城上皇が東国行きを兵に阻止された場所として有名。

西《さい》大《だい》寺《じ》

古事談
巻第五

地図　P170

閻魔大王の温情

孝謙天皇が西大寺を建立なさるとき、

「仏塔は、八角七重にしようと思うが、そちはどう思うか」

と、藤原長手《ながて》にご下問がありました。

その際、長手は、

「四角五重で充分ではないでしょうか。

八角七重の塔の建造ということになりますと、要する国費も相当な額になってしまいますゆえ……」

と奏上しました。

結局、このひと言が決め手となり、西大寺には八角七重ではなく四角五重の塔が建てられたのでした。

長手としては別に他意はなく、純粋に国情を勘案して申し上げただけなのです。しかしながら、結果的には壮麗な仏塔の建立を妨害した張本人と非難され、死後には地獄へ落とされました。そこで彼を待ち受けていたのは、熱く焼かれた銅柱を抱かされる責め苦でした。

ところで、長手の長男が病気になったおり、名僧を請じて、数日間にわたり加持祈祷を修してもらったことがありました。

すると、そばで看病をしていたある人が、何者かに憑かれて言うには、

「我こそは、藤原長手の霊なり。生前、西大寺の仏塔建立にあたって、八角七重を四角五重へ減じた罪により、死して後は、地獄にて、熱き銅柱を抱かされる責め苦に遭っておる。

さて、わしが地獄で幾年かを過ごしたある日、閻魔王宮に薫香が漂ったことがあった。閻魔大王が怪しみ驚き、

『なにゆえか』

と問うと、冥官が答えて、言ったことには、
『日本国の罪人、藤原長手の長男に、従三位藤原家依という者がおります。今般、この男が病気に罹り、僧を請じて加持祈祷を行わせているのですが、この僧は際立って信心が篤く、己の命と引き換えてでも男を病魔から救おうと熱心に祈請しておるのです。その志の気高さゆえに、加持祈祷の香煙がこの王宮まで至り着き、こうして薫っているのでございます』

これを聴いた閻魔大王は大いに心を動かされたとみえ、この一事に免じて、わしを苦患から解放してくれた。

さらには、同朋二十数人を引率して、天上へと転生させてもらえた。

そのことをお前たちへ告げるために、今日はこの者の体を借りて、こうしてやって来たのだ」

地名一口メモ《西大寺》

奈良市西大寺芝町《しばまち》に所在する真言律宗の総本山。南都七大寺の一。天平宝宇八年（七六四）、藤原仲麻呂の乱の平定を願った称徳天皇（孝謙天皇）が発願して、造営が開始された。広大な寺地に薬師金堂、東西両塔、四王院などの伽藍がひしめく偉容は、宝亀十一年（七八〇）の『西大寺資材流《る》記《き》帳《ちょう》』で偲ぶことができる。平安期に衰微したが、嘉禎元年（一二三五）に叡尊《えいそん》（一二〇一～九〇）が再興した。

猿《さる》沢《さわ》池《のいけ》

宇治拾遺物語
巻第十一

地図　P168

流言の皮肉

今は昔、奈良に蔵人得業恵印《くらんどとくごうえいん》という僧が住んでいました。
赤く大きな鼻をしていましたので、「大鼻の蔵人得業」とあだ名されていましたが、それでは長すぎるというので、後には「鼻蔵人」、さらに縮めて「鼻蔵《はなくら》」と呼びならわされていました。

さて、この僧がまだ若かったころ、
猿沢の池のほとりに、
「某月某日、この池から龍が昇天する」
との立札《たてふだ》を立てました。

これを見て、老いも若きも、また、相当に分別があると思われるような人たちまで

が、

「ぜひ、その様子をひと目見たいものだ」

と噂しあいました。

恵印はそうした彼らを見て、

「俺の悪戯とも知らず、馬鹿な奴らだ」

とほくそ笑みながら、知らん顔して過ごしていました。

そのうちに、立札にあった某月になりました。

噂は噂を呼び、大和はもちろん、河内・和泉・摂津国あたりの者までが、続々と、池へ集まってくるようになりました。

そして、いよいよ、問題の日がやって来ました。

池の周囲は黒山の人だかりで、通行もままなりません。

これを目にした恵印は思いました。

「これは、ただごとではないぞ。もともとは俺の悪戯から始まったことだが、こりゃあ、ひょっとすると、本当に龍が昇天することになるかも知れない。とりあえず、俺

も見に行ってみよう」

そこで、目だけ出して顔を袈裟で包み、池へ出向きました。

ところが、あまりの人混みで池へは近づけません。

仕方なく、興福寺の南大門の壇の上に陣取って、今や遅しと待ち続けました。

しかし……。

もとより、龍など登ろうはずもなく、何事も起きぬまま日が暮れて、あたりは暗くなりました。

恵印も虚しくその場を引き上げたのでした。

地名一口メモ《猿沢池》

興福寺の南に所在する放生池。周囲は約三六〇メートル。天竺の獼猴池《びこういけ》を模した人工池である。『興福寺流記《こうふくじるき》』にもある「佐努作波（さぬさわ・さのさわ）池」の呼称が転訛して「猿沢池」となったのであろう。ちなみに、「佐努（さぬ・さの）」とは「狭野（狭い野）」、「作波」は「沢」を意味する。なお、文武天皇の御代、帝の寵愛の冷めたのを嘆いた采女が猿沢池へ身を投げたとの伝説があり、謡曲『采女』の原話となっている。

信《し》貴《ぎ》山《さん》

今昔物語集
巻第十一　第三十六

地図　P173

瑞雲の出現

今は昔、仏道修行の僧に明練《みょうれん》という者がいました。

常陸国の生まれで、仏法に深く帰依し、故郷を離れて全国各地の霊験の地を巡り歩くうちに、大和国へ至り着きました。

ある日のこと。

某郡の東にある高い山の峰から四方を見渡しますと、西の山の東側の斜面に小山が隆起しています。そして、その小山の上には、五色の不思議な雲がたなびいているではありませんか。

明練は、

「あれこそ、並外れた霊験の地に違いない」

と考え、霊雲を頼りに歩き進むうち、ようやくその山の麓《ふもと》までたどり着きました。

ところが、登ろうにも、道らしき道がありません。

仕方なく、草をかきわけ、木々にすがるようにしてなんとか登っていきますと、ひとつの峰に行き当たりました。例の霊雲は、この峰を覆っていたのでした。

峰には薫香が満ち満ちていました。

明練は、霊験の元を突き止めるべく、周囲を見渡しました。峰は、降り積もった落ち葉の厚い層で覆われていて、地面が見えません。落ち葉から顔をのぞかせているものといえば、大きな岩々だけでした。

明練は岩に近づき、落ち葉を掻きのけてみました。

すると、どうでしょう。岩の間に、石櫃《せきひつ》が横たわっているではありませんか。櫃の表面には、「護世大悲多聞天《ごせたいひたもんてん》」との銘が刻んでありました。これを見た明練は随喜の涙を流し、

「私は長年、仏道修行に専心して、種々の霊地霊山を巡ったが、これほどの奇瑞は初めてだ。今後は死ぬまでこの地にとどまり、多聞天様におすがりしながら修行に

励もう」
と決意しました。そして、すぐさま柴を折って庵をこしらえ、その地に住みつきました。次いで、人夫を呼び集めて、例の櫃を覆うようにして、堂宇の建立を始めました。大和・河内両国の大勢の人々が、噂を聞きつけて協力してくれましたので、堂宇は予想以上に早く完成しました。
明練は、この寺の参詣人たちの布施で暮らしていました。参詣人がないときでも、通力によって空鉢を飛ばして食物を集め、空瓶を水汲みにやりながら修行を続けましたから、何の不自由もありませんでした。
今の信貴山というのは、この寺のことで

す。霊験あらたかで、多くの僧が僧房を作って集まり住んでいます。遠方からの参詣人もひっきりなしです。

地名一口メモ《信貴山》

奈良県生駒郡平群町信貴畑《しぎはた》に所在する朝護孫子寺《ちょうごそんしじ》のこと。信貴山真言宗総本山。聖徳太子が、用明天皇二年（五八七）の物部守屋《もりや》討伐に加護のあった毘沙門天を祀り創建。延喜年間（九〇一〜九二三）に命連《みょうれん》上人が中興。楠木正成の母は同寺の毘沙門天に祈願して正成を授かったという。平安後期の『信貴山縁起絵巻』（三巻）は国宝。本堂は文禄年間に豊臣秀吉によって、あるいは慶長年間に秀頼により再建されたとの説がある。その後も火災による焼失を経て、現在の本堂は昭和三十三年（一九五八）の再建である。

菅《すが》原《わら》寺《でら》

十訓抄
上　四ノ一

地図　P170

舌の剣《つるぎ》

行基が、菅原寺の東南院で臨終の際、弟子たちへこう教え戒めました。

口の虎は身を破る、舌の剣《つるぎ》は命をたつ
口を鼻のごとくにすれば、後《のち》あやまつことなし
虎は死して皮を残す、人は死して名を残す

(口の虎は身を喰い破る、舌の剣は命を断ち切る。
口を鼻のようにして要らぬことをしゃべらなければ、身をあやまつことはない。
虎は死んで皮を残す、人間は死んで名を残す。)

この言葉は書き留められて、『行基菩薩遺誡《ゆいかい》』と名づけられて、今に伝わっています。

また、臨終の際に、行基が詠んだ和歌は、

法《のり》の月　久しくもがなと　思へども
　さよ更けぬらし　光隠しつ
（「仏法の月よ、永遠なれ」と願っていたが、夜が更けてきたのか、光が隠れてしまった。私も、その月と同じように、この世から隠れてしまうよ）

というものでした。こう詠んでから、身も心も安らかに、この世を去られたのでした。

ちなみに、さきほどの行基の言葉は、『養生経《ようじょうきょう》』にある「口をして鼻の如くせしむれば、身の終わるまで事なし」といった文章を思い浮かべての発言だったのかも知れません。

ちなみに、数人が寄り合って、ひそひそばなしをしているようなところへは、最初からそこへ居合わせたのならいざ知らず、決して近づいてはいけません。

運悪く、そうした場面に出くわすことがあったら、さりげなく立ち去りなさい。

過去の数々の名著が、そう勧めています。

地名一口メモ《菅原寺》

奈良市菅原町に所在する法相宗の寺。養老五年（七二一）、行基により創建。「喜光寺《きこうじ》」とも称するのは、天平二〇年（七四八）に聖武天皇が与えた寺額による。『行基菩薩伝』などによると、行基は同寺で没したらしい。主要堂宇は明応八年（一四九九）に焼亡し、現在の本堂は天文十三年（一五四四）ごろに再建されたもの。なお、創建当初の本堂は東大寺大仏殿の試作品と位置づけられたため、「試みの大仏殿」と言われた。

添上郡《そうのかみのこおり》

日本霊異記
上　第十

地図　P171

人語を解す牛

大和国添上郡の山里に住んでいた某は、『方広経《ほうごうきょう》』に感化を受けて、前世の罪を悔い改めようと心に決めました。

そこで、従者に僧を一人連れて来るように命じました。

従者が、

「どこのお坊様をお連れすればよろしいですか」

と問うので、某は、

「どこの寺の誰と決まっているわけではない。お前が捜しに出て、一番最初に出くわしたお方をお連れすればよい」

と答えました。従者は言われた通り、街路で一番最初に出会った僧を主人のところへ案内しました。某は心をこめて、僧を接待しました。

その夜、法会が無事に済み、僧が眠ろうとしますと、某は僧に布団を掛けてやりました。

さて、夜が更けて、僧に、

「明日の法事でなにがしかのお礼を貰うよりも、この布団を失敬して逃げた方が得かも知れぬな」

との悪心が起きた途端、どこからか、

「その布団を盗んではならぬ」

という声がしました。僧はびっくりしてはね起き、周囲を見回しましたが、人影は一切なく、いたのは倉の下の一頭の牛だけでした。僧がいぶかしがりながら牛に近づきますと、なんと、その牛が声をかけてきました。

「私は昔、この家の主人の父親であった。しかし、生前、息子に無断で稲十束を盗み、ある人にやってしまった。その罪の報いで、私は今やこうして牛の身となっているのだ。あなたは私のような凡夫と違って、僧であろう。にもかかわらず、どうして布団を盗もうなどと考えるのか。私の身の上話を嘘だと思うなら、明日、皆のいる前で、然るべき席を設けてみなさい」

僧は身を恥じて部屋へ戻り、夜を明かしました。そして、翌朝、法事を済ませますと、某とその家族だけを部屋へ呼び集めて、昨夜の出来事を詳しく話して聞かせました。

某は驚き悲しみ、藁《わら》を敷いて、例の牛に呼びかけました。

「あなたが本当に父の生まれ変わりならば、この藁の座へお座り下さい」

すると、牛は膝を折り、その座へ横たわりました。

これを見て、某は家族ともども落涙し、

「やはり父上でしたか。稲十束のことは、水に流しましょう。いまさら咎め立ては致しません」

と声を掛けますと、牛も涙を流し、大きなため息をつきました。

そして、その日の夕方には息を引き取りました。

某は、用意していた布施に加えて、例の掛け布団も僧に与え、その上で、父親の追善供養を念入りにおこなってもらいました。

地名一口メモ《添上郡》

奈良市の東方の郡名。中世までは「そうのかみのこおり」「そうのかみぐん」と呼ばれていたが、それ以降は「そえかみぐん」と呼ぶのが一般的となった。本話の舞台は、奈良市帯解《おびとけ》あたりと推定される。前世の罪障のせいで牛に転生するという話型は、古典文学ではお馴染み。本話の主人の父親はたまたま俗人であったが、仏教説話において牛に転生するのは、戒律を破った僧であることが多い。

大安寺《だいあんじ》

宇治拾遺物語
巻第九

地図　P171

鬼の給仕

今となっては昔の話ですが、大安寺の別当をしている僧の娘に惚れて、ある蔵人が忍んで通っていました。

そのうち、女君のことが心底、愛おしくなってきましたので、昼間でも別当の家へ訪ねていくようになりました。

あるとき、蔵人は昼寝をしていて、こんな夢を見ました。

今日に限ってはこの家の中で、大勢が泣き叫ぶ声がします。

何事かと怪しんで見れば、舅《しゅうと》の僧、その妻をはじめ、家じゅうの人間が、大きな土器《かわらけ》を捧げ持って、涙を流しています。

よくよく見ますと、めいめいの土器には、銅の煮え湯がなみなみと注がれています。

たとえ地獄の鬼に無理強いされても飲めそうにない銅の湯ですのに、皆が自分から、しかし涙を流しながら飲んでいます。中には、ようやくのことで飲み干すやいなや、お代わりを所望して、いま一度飲む者すら居ました。

そうこうするうち、侍女の一人が、蔵人に添い寝している女君を起こしに来ました。起き上がった女君が、侍女について行ったので、蔵人は気になってあとをつけました。見れば、女君も大きな銀の土器に銅の湯を注いでもらうと、細い声を上げながら、泣く泣く飲んでいるではありませんか。女君の目や鼻からは、肉の焦げた煙が立ち上っていました。

驚き呆れていますと、

「あの方にも差し上げなさい」

とばかりに、もうひとつの土器に銅の湯が注がれ、それが台に据えられて、蔵人の前へ運ばれてきました。

「俺まで、こんなものを飲まねばならぬのか」

と当惑し、うろたえるうちに、はっと夢から覚めたのでした。

やがて、侍女が食べ物を運んできました。

舅たちの部屋の方でも、どうやら食事をしているような物音がして、家の中が騒がしくなってきました。

蔵人は、先刻の夢の意味をつらつら考え、

「きっと、この家族は、寺の食べ物を流用して、自分たちの腹を肥やしているのに違いない」

と思い至りました。

途端に、嫌な気持ちになり、女君への想いも消し飛びました。

蔵人は、気分が悪いからといって、勧められた食べ物には手をつけず、そのまま退出しました。

そして、以後、その家へは通わなくなったということです。

地名一口メモ《大安寺》

奈良市大安寺町《だいあんじちょう》に所在する真言宗高野山派の寺。南都七大寺の一。聖徳太子発願の百済大寺が飛鳥・大官大寺となり、平城遷都に伴って左京へ移転し、「天下太平」「万民安楽」の願いを込めて、大安寺と号した。金堂、七重塔、南大門など、壮大な伽藍を誇ったようだが、幾度も戦火や失火に見舞われ、衰微した。本尊は国指定重要文化財の十一面観音。最近では、がん封じのご利益《りやく》でも、信仰を集めている。

大《だい》東《とう》寺《じ》

義経記
巻一

地図　P175

傾国の美女

平清盛の追及を逃れるため、常盤御前は三人の息子を連れ、遠縁の者に匿ってもらおうと、大和国宇陀郡岸岡へ赴きました。

しかし、世が世であるだけに、誰も助けてはくれませんでした。

そこで、常盤は仕方なく、大和国の大東寺へ身を寄せました。

ところが……。

同じ頃、京の揚梅町《やまももまち》に住んでいた常盤の母が六波羅へ召し出され、娘の行方について厳しい取り調べを受けていたのでした。

この噂を聞いた常盤は思い悩みました。

「息子可愛さにここに潜んでおれば、早晩、母は役人に責め殺されてしまうだろう。

かといって、母を助けるために名乗り出たら、息子たちの命はあるまい。

どうしたものか……」

しかし、やがて、

「我が子のために親を見殺しにすることは出来ぬ。昔から、親に孝養を尽くす者には、神仏の加護があると伝わっている。ならば……」

と決心をかため、三人の息子を連れて、泣く泣く京へ向かったのでした。

たちまち常盤たちは捕らえられ、さっそく六波羅へ引っ立てられました。

それまでは、常盤のことを、

「火責め水責めにしてもあきたらぬ、憎い奴」

と思っていた清盛でしたが、常盤をひと目見るなり、そうした想いは消え去ってしまいました。

なにせ、この常盤御前は、日本一の美女でした。その昔、九条院が京都じゅうから美女千人を召し出したのですが、その中から百人、その中から十人、更にその中からただ一人という具合に選び抜かれた、究極の美女だったのです。

清盛はすっかり常盤に魅せられ、

「わしの意に従うのであれば、三人の息子の命は助けてやろう」

という条件を出して、常盤に迫りました。

もちろん常盤も、さんざん思い悩みましたが、最終的には、何事も息子たちの命を救うためと自分に言い聞かせ、清盛に身を委ねたのでした。

三人の息子たちは、離れ離れにされました。

今若《いまわか》は、八歳の春に観音寺へ預けられ、十八歳で出家して、禅師の君と呼ばれました。

乙若《おとわか》は、八条に住まいしていましたが、後年、紀伊国にいた叔父 新宮十郎行家《ゆきいえ》が反乱を起こした際に行動を共にし、東海道墨俣《すのまた》川で討たれました。

牛若は、四歳までは常盤のもとに置かれましたが、利発な少年でしたので、

「敵の子と自分の子がひとつ屋根の下で暮らしていたら、何が起こるか分からぬ」

という清盛の考えで、屋敷をおわれ、山科に逼塞《ひっそく》する源氏ゆかりの者の家へ、七歳になるまで預け置かれたのでした。

地名一口メモ《大東寺》

『奈良縣宇陀郡史料』(宇陀郡役所 編・大正六年(一九一七))によれば、「大東」とは、大宇陀町と牧の間の地域の字《あざ》名であり、同地の奥の東明寺《とうみょうじ》跡が大東寺の址であるという。「大東寺」(の位置)についてはいまだ議論があり、近隣の大蔵寺や大願寺を比定する説のほか、「東大寺の誤記ではないか」という説すらある。なお、前出の東明寺は、文政八年(一八二五)の山崩れで庫裏などが埋まった、と伝わる。

東《とう》大《だい》寺《じ》

古事談
巻第三

地図　P168

法術競べ

金鐘《こんじゅ》行者は霊験あらたかな傑僧で、天下万民は皆、彼に帰依していました。

さて、大仏殿の建立にあたって、その用地の東半分は金鐘行者の所領、西半分は辛《から》国《くに》行者の所領でした。

ところが、朝廷は、建立の主導権を辛国行者ではなく金鐘行者へ委ねようとしていましたので、あせった辛国行者は、こう奏上しました。

「どうして無条件で金鐘へ帰依なさろうとするのか、納得がいきません。僧の値打ちは、験徳《げんとく》が強いか弱いかによって決まります。大仏殿建立の主導権をどちらの手に渡すかは、私と金鐘の験徳競《くら》べの結果を見て、お決めになられては如何でしょう？」

朝廷としては、

「それも一理ある」

ということになり、さっそく、二人が召し出され、験徳競べが行われました。

両人が熱心に祈るうち、まずは辛国の呪文により、数万匹の大蜂が現れて、金鐘に襲いかかりました。

すると、金鐘の術によって大きな鉢が飛来し、蜂を追い払ってしまいました。

そればかりか、鉢は辛国の元まで飛び至り、驕慢を戒《いまし》めたのでした。

こうして金鐘に敗れた辛国は、悪心を起こして東大寺の仏敵と化し、その後、たびたびこの寺に障碍《しょうげ》をなしたといいます。

こうした出来事は、確かな文献に記されているわけではありませんが、古老の話として伝わっています。

なお、東大寺の絵図には、気比《けひ》明神の辰巳の角に、辛国堂がある旨の注記があります。

地名一口メモ《東大寺》

奈良市雑司町《ぞうしちょう》に所在する華厳宗の総本山。南都七大寺の一。神亀五年（七二八）、聖武天皇が皇太子の供養のために建立した金鐘寺《こんしゅじ》が、その起源とされる。天平十五年（七四三）には盧舎那仏《るしゃなぶつ》建立の詔が発せられ、一大鋳造事業が始まった。参拝者の多くは、やがて出来上がった大仏のあまりの大きさに圧倒されてしばしば拝むのを忘れ、像を見上げて立ちすくむばかりなので、「大仏は　見るものにして　尊ばず」という川柳まで詠まれた。

多《とう》武《の》峰《みね》

発心集　第一ノ五

地図　P177

怪僧の奇行

僧賀《そうが》上人は、慈恵僧正の弟子です。この人は幼少期から学問に優れ、「長ずれば、きっと尊き人物となるであろう」と噂されていました。

しかし、本人の心の内では現世への嫌悪感ばかりがつのり、名利にはまったく興味がなく、ただ来世で極楽に生まれることのみを、人知れず願い続けていました。充分な道心が起こらないのを嘆き、延暦寺根本中堂に千夜参りをしたこともありました。これは、千夜参りとは、一夜千遍の礼拝を千夜も続けるものです。

僧賀は、最初のうち、ただ無言で礼拝を繰り返していましたが、六、七百夜を過ぎたころから「付き給え、付き給え」という大きな声を出しはじめ、それが堂外へも響くようになりました。

人々は、「『付き給え、付き給え』って、天狗でも付けというのか。あの僧は、いったい何を祈っているんだか、知れたもんじゃない」といぶかしがり、嘲笑していました。

しかし、満願が近づいたころになって、その声が「道心、付き給え」と言っていることが分かると、皆は心動かされました。

こうして、千夜参りもみごと完遂した僧賀でしたが、前世からの因縁だったのでしょうか、世を厭う気持ちは強まるばかり。「地位や身分など、煩わしいだけだ。何もかも、投げ捨ててしまおう」との思いに駆られていました。

そんなおりのこと。

宮中での内論義《ないろんぎ》（天皇の前で高僧たちが経文の内容を議論する行事）に出席していた僧賀は、庭で残飯を漁る乞食《こつじき》たちの狂態をじっと見ていました。

当時、宮中には、行事の後、貴人たちの饗応の残り物を庭へ投げ捨て、あらかじめ集めておいた乞食たちに貪り喰わせる風習があったのです。

やがて僧賀は部屋から走り出て、乞食たちの中へ飛び込むと、自分も残飯を食べ始めたのでした。これを見た一同は、「僧賀はとうとう気が狂ったぞ」と騒ぎましたが、本人は「気がふれているのは、私ではなく、あなたがただ」と言って、平然としていました。

この一件を機に、僧賀は大和国の多武峰に籠《こも》り、仏道修行に専心したのでした。

その後、尊き思し召しによって、僧賀は当時の后の宮の授戒を命じられました。気が進まぬまま参内した僧賀は、紫宸殿の欄干の端に寄って、罵詈雑言を吐いたかと思うと、授戒の任を果たさずに退出してしまいました。

また、こんなこともありました。

ある日、法会を頼まれて相手の家に行く道すがら、僧賀は「今日はどんな説法をしようか」と気を揉む自分に気づきました。

「こんなことを考えるのは、自分がまだ名利にこだわっている証拠だ。仏敵たる魔物に捕らわれてしまったのだ」と悟った僧賀は、ささいなことを咎《とが》め立てして、わざと施主といさかいを起こし、法会をせぬまま帰宅してしまいました。

こうした僧賀の振る舞いは、よく言われるような物狂いでは決してありません。世俗を離れるための格別の配慮なのです。彼のような言動はめったに見られるものではありませんので、ここに書いておきました。

地名一口メモ《多武峰》

奈良県桜井市南部の山麓。藤原鎌足を祀る談山神社《たんざんじんじゃ》があることでも知られる。高さ約十七メートルの木造十三重塔は重要文化財である。当初は興福寺の支配下にあったが、後に比叡山無動寺の別院となって、興福寺と争った。国家に変事のある時は談山神社裏の御破裂山《ごはれつ》（標高六一八メートル）が鳴動するといわれたが、同地の僧兵たちが朝廷への強訴のため偽証した例も少なくなかったという。春は桜、秋は紅葉の名所としても有名。

十《とお》市郡《いちのこおり》

竹取物語

地図　P176

偽装の顛末

　求婚したかぐや姫に、

「仏の石の鉢を取って来て下さい」

という難題を出された石作皇子《いしづくりのみこ》。

「艱難辛苦の旅の末に天竺までたどり着けたとしても、広大なあの国で、たったひとつしかない貴重な鉢を見つけ出すのは、まず無理だろう」

と考えて、早々に天竺行きは断念しました。

しかし、姫をあきらめることは嫌だったので、計略をめぐらせました。

　まず、姫の屋敷へは、

「鉢を求めて天竺へ旅立ちます。しばらくのお暇《いとま》です」

と仰々しく伝えておきました。

そして、三年ほどしてから、大和国十市郡の山寺にあった煤《すす》けた黒鉢を入手し、錦の袋へ入れ、造花の枝につけて、

「これぞ、お求めの鉢です」

と偽って持参しました。

姫がいぶかしがって中を見ますと、手紙が入っています。そこに次の一首が記されていました。

「海山《うみやま》の　道に心をつくし果て　ないしの鉢の　なみだ流れき」

(海山の道を遠く旅して懸命に捜しましたが、なかなかお目当ての石の鉢が見つからなかったので、悲しみのあまり、血の涙を流しました。しかし、その辛苦の甲斐あって、ようやくこうして鉢を見つけることが出来ました)

そこで姫が、

「もしもこの鉢が本物ならば、特有の霊光を発するはず……」

と思って確かめてみましたが、一片の光も見出せませんでした。

それ故、姫はこう返歌しました。

「置く露の　光をだにぞ　宿さまし　をぐらの山にて　何もとめけん」

（本物の仏の石の鉢だとおっしゃいますが、露ほどの光も見出せません。黒いばかりのこの鉢。小倉山で何を捜し出してこられたのですか）

皇子は、鉢を門口《かどぐち》に捨てて、こう返しました。

「白山《しらやま》に　あへば光も失《う》するかと　鉢を捨てても　頼まるるかな」

（白山のように美しく光り輝くあなたの前では、さしもの鉢の光も失せてしまったのではないかと思って鉢を捨て、おのが身の恥も捨てました。それでもなお、あなたが求婚を受け入れて下さるのではないかと、期待を寄せております）

姫は呆れてもはや返歌をしなくなったので、皇子は仕方なく帰って行きました。

皇子が鉢を捨て、恥も捨てて、なおも姫に言葉をかけ続けたこの一連の出来事にちなんで、これ以降、臆面もなく何かを行うことを、

「鉢（恥）を捨つ」

というようになりました。

地名一口メモ《十市郡》

「十市」は、「とおち」「とういち」などとも読まれ、「遠市」「藤市」などの用字もみられる。「たを」は低地、「ち」は「ちまた（場所）」ゆえ、「十市」とは低湿地を指す語か。あるいは、大規模な市の立った地「高市《たかいち》」に対して、遠隔地の市ゆえ「遠市《とおいち》」と名づけたか。初見は、正倉院文書『山背国愛宕郡雲下里計帳』（神亀三年（七二六））の「大倭国十市郡」という一節。なお、雲下里とは下出雲郷、計帳とは当時の課税台帳のことである。

奈良坂《ならざか》

今昔物語集
巻第十九　第三十四

地図　P168

不運な盗賊団

今は昔、源某の一行が、薬師寺最勝会《さいしょうえ》の七日間の執行を終えて、奈良坂にさしかかりました。京へ戻る途中でした。

すると、西の谷のあたりから盗賊団が躍り出て、行列の前の方を進んでいた衣装櫃の人夫たちを襲い、櫃を奪ってしまいました。

供の者たちは、

「追いかけて、引っ捕えてやる」

と息巻きましたが、某はこれを制して言いました。

「いや、それはやめておけ。衣装櫃ひとつ盗られたからといって、なにほどのことがあろうか。私は、武勇で知られた源満仲《みつなか》や平貞盛《さだもり》の子孫ではないのだ。その私が、奈良坂で盗賊に襲われて衣装櫃を奪われたといっても、特に悪評も立つまい。逆に、ここで下手に盗賊団と事を構えて、万一、怪我でもしてみろ。『あいつは盗賊団と闘って、挙句、無様《ぶざま》にも射られてしまった』などと、かえって世間の物笑いの種になってしまう」

ただ、某は、従者の一人に、こう言いつけました。

「おい、お前だけは盗賊のあとを追い、向こうの矢が届かない安全な場所から、やつらにこう呼びかけて、すぐに帰って来るのだ。『その櫃には、畏れ多くも薬師寺の大法会に用いた衣装が収められている。それを奪うなど、もってのほかの悪事だぞ。お前たちの身のためにならぬことは明白だ。しかし、それでも構わぬ、仏罰も平気だ、というのであれば、櫃をどこへでも持ち去るがよい』とな」

さっそく、従者は馬を馳せ、峰に登ると、はるか向こうにいる盗賊団へ大声で主人の伝言を伝えました。

これを聞いた盗賊団のあらかたの者は、

「そういう尊いお品とは存じ上げず、失礼しました。櫃はただちにお返しします」

と言って、櫃を置いたまま、次々に立ち去って行きました。

ところが、ある盗人だけは、

「せっかくのお宝なのに……」

と櫃に執着していました。

そして、そのうちに、手綱さばきを誤って人馬ともに崖から落ち、腰骨を折ってしまいました。

従者は馬で駆け寄り、身動き出来なくなった盗人を縛って馬へ引きずり上げ、櫃も回収して、奈良坂の北の口へ戻ってきました。

これを見た某は大いに驚き、従者から事の経緯を聞いて、こう言いました。

「この盗人は、三十歳くらいか。恐ろしい顔つきの男だわい。一方、私の従者はといえば、風邪をひいた尼を捕まえるのすらおぼつかないというような、七十過ぎの爺さんだ。それが、屈強そうな盗人をこうして捕らえ得たのは、薬師寺の仏様のご加護のおかげであろう」

某は、盗人を京の検非違使《けびいし》に突き出してやろうかとも思いましたが、思いとどまり、そのまま放免して、自分は京へ戻って行きました。

盗人は、終日、奈良坂の口に倒れ伏していましたが、夜になると、姿を消してしまいました。

地名一口メモ《奈良坂》

明治以降は、普通、奈良阪と書く。京街道の急峻な坂道で、奈良の北の出入口。山城国との境界地。現在の奈良市奈良阪町《ならざかちょう》に位置する。治承四年（一一八一）の南都焼き討ちの首謀者 平重衡の首が架けられた刑場としても知られる。興福寺一条院門跡の支配下にあった北山非人の本拠地でもあった。交通の要地ではあったが、もの寂しい場所であったので、しばしば盗賊や追い剥ぎの類が出没し、旅人を脅《おびや》かした。

二《に》條《じょう》村《むら》

御伽百物語
巻三

地図　P169

異界の啓示

大和国二條村の林浄因《りんじょういん》は、宋の出身です。

浄因は、建仁寺の龍山《りゅうざん》禅師が入宋した際にお目にかかってその識見にうたれ、以来、禅師に帰依していました。

そして、龍山禅師が日本へ戻られる際、一緒に渡海し、二條村に住むようになったのでした。

浄因はこの地で何を家業にすべきかとあれこれ考えをめぐらせた末に、諸葛孔明の考案したという饅頭づくりに思い至りました。

さっそく調製して人々に供したところ、これが大評判となり、日本では吉事でも凶事でも饅頭を用いるようになりました。

ただ、浄国の家では、本来の姓の「林」を使わず、代々、「塩瀬」を名乗りました。林家の遠祖は林和靖《りんわせい》という唐代の詩人でしたので、その子孫が詩作の道ではなく饅頭作りで名をなすのを恥じてのことでした。

さて、その後、浄因は重病を患って眩暈《めまい》に襲われるようになりました。死期を悟った浄因は、京の龍山禅師のことを念じながら、こう願を立てました。

「どうか私の命をお救い下さい。もし本復致しましたら、日本で生まれた我が子のうちの一人を、弟子として差し上げる所存でございます」

こうして、祈りを続けていたある日のこと。

浄因が臥せっている部屋の北側の壁の向こうに、大勢の人のいる気配がしました。集まって何かをしているような雰囲気でした。

不審に思って、看病の者に見てきてもらいましたが、誰もいませんでした。

七日目になりますと、急に壁が透き通り、向こう側から光の筋が漏れてきました。

浄因は驚いて指差しましたが、周囲の人たちには何も見えていないようでした。

そのうち、漏れてくる光の筋は次第に太くなって、盤ほどの広さとなりました。

病身に鞭打ってなんとか立ち上がり、その光の窓を覗いてみますと、向こう側は隣室ではなく、広大な野原になっていました。鋤《すき》や鍬《くわ》を携えた農民と思しき者が十人ほど、窓の近くでかしこまっていました。彼らが言うには、

「ここは、建仁寺の龍山禅師のご料地でございます。このたびあなた様が重病で臥せっておられる旨、お聞きになり、この窓を開くように命じられたのでございます。まもなく、ここへお見えになります」

ほどなく、大勢の稚児に囲まれた輿《こし》が、窓のそばへ近づいてきました。輿の御簾から顔を出したのは、龍山禅師でした。禅師曰く、

「本来のあなたの寿命は、まさに尽きようとしています。けれども、あなたの懸命の祈誓を聞き流すのはあまりにも気の毒でしたので、冥途へ行ってかけ合い、特別にあと十二年の命を貰い受けてきました。病のことは、もう心配ないでしょう……」

途端に光の窓は消え、壁は元通りになりました。

それからというもの、浄因は日に日に回復し、すっかり元気になりました。

浄因は約束通り、三人の子のうちの一人を京の禅師のところへ連れて上がり、弟子

にしてもらいました。その子は長じて、建仁寺両足院の開祖になったといいます。

地名一口メモ《二條村》

かつての添下郡《そえしもぐん》に所在した村。来朝した林浄因《りんじょういん》は同地に住み、中国の饅《まん》頭《とう》（中身は肉など）を参考にしながら、和菓子としての饅頭《まんじゅう》を考案したと伝わる。なお、漢国神社《かんごうじんじゃ》（奈良市漢国町《かんごくちょう》）の境内には、彼を祀った林神社がある。ちなみに、徳川綱吉に重用された新義真言宗の僧隆光《りゅうこう》（一六四九～一七二四）も、同地の出身といわれる。

長谷寺《はせでら》

宇治拾遺物語
巻第七

地図　P174

わらしべ長者

父母も主人も妻子もいない若侍。長谷寺の観音様のご利益を願って、御前でうつぶせたまま動こうとしません。寺僧が哀れんで食べ物を恵んでくれますので、それを食べて過ごすうちに、あっという間に二十一日も経ってしまいました。

その日の明け方、とうとう寺を追い払われた際、侍は大門のところでけつまづいて転び、道にうつぶせに倒れてしまいました。倒れた拍子に掴んだのは、一本のわらしべ。捨てようかとも考えましたが、「こんな取るに足らぬものでも観音様からの賜物だ」と思い直して、握り締めたまま歩きだしました。

しばらく進むと、一匹の虻《あぶ》が、しつこく顔のあたりにまとわりつきます。うるさいので、捕まえて、例のわらしべにくくったまま歩き続けました。

すると、長谷寺参詣の牛車の簾《すだれ》から外を眺めていた可愛らしい子どもがそれを見つけました。あんまりねだるので、従者が侍のところまで行って、わけを話しました。侍が快く進呈すると、従者はお礼に大きな蜜柑をくれました。侍は、貰った蜜柑三つを木の枝に結わいつけ、肩にかけて進みました。

すると、供を大勢連れた身分の高そうな女房が、道端にしゃがみこんでいました。しきりに水が飲みたいと訴えますが、清水の湧く場所は近隣には見当たらず、伴の者たちは困り果てていました。

見かねた侍は、

「水の代わりに、これをお召し上がりください」

と蜜柑を差し出しました。これを食べたおかげで、女房はようやく落ち着きを取り戻しました。女房は難儀を救ってくれたお礼として、侍に白い上等な布三疋《むら》をくれました。

侍がさらに進むと、今度はたいそう立派な馬を連れた主従に出くわしました。ところが、その名馬が、侍の見ている前で、急に地面へ倒れこんで死んでしまったのです。

主人は、

「こうなっては、わしまでここにいても仕方がない。お前たち、あとはよしなに頼むぞ」

と言い残すと、別の駄馬に乗って、その場を立ち去ってしまいました。

残された下男はおろおろするばかり。そこで侍は言いました。

「名馬に死なれて、さぞかしお困りでしょう。皮を剥いだところで、旅の途中とあっては、乾かす暇もございますまい。どうですか、私にお譲りになられては？」

布一疋を渡すとあっさり話がつき、下男は嬉々として去っていきました。

侍は手を清め、長谷寺の方に向きなおり、熱心に祈りました。

すると、死んだはずの馬が生き返り、むっくと起き上がったではありませんか。男は布一疋で鞍や轡《くつわ》などを買い揃え、馬で進みました。

九条あたりにさしかかると、「京へ出かけるのに、一刻も早く馬を調達せよ」と騒いでいる家がありました。話をもちかけると、先方は、

「いま、この名馬と引き換えるだけの絹や銭は持ち合わせていない。代わりに、鳥羽の田三町と稲や米をやろう。わしは今から急用で京に上るが、もしわしに万一のこと

があって、無事に戻れなければ、わしのこの家もお前さんにやろう」

とのことでしたので、侍は言われた通りにしました。

以後、侍はその家に住み、下人を雇って田を耕作させました。すると、豊作になり、ずいぶんと儲かりました。結局、元の家主は戻って来なかったので、家は名実ともに、侍のものになりました。侍は、やがて子や孫にも恵れ、富貴の身のまま、幸せに暮らしたということです。

地名一口メモ《長谷寺》

奈良県桜井市初瀬に所在する真言宗豊山《ぶざん》派の総本山。初瀬寺とも書く。西国三十三ヶ所第八番札所。初瀬山（標高五四八メートル）の山腹に位置する。創建は八世紀初頭か。一五〇種七千株を擁する牡丹の名所でもある。本尊の十一面観音（重要文化財）は、高さ十メートルを超える巨像。蓮弁の台座ではなく方形の岩盤上に立ち、通常は地蔵菩薩の持物《じもつ》である錫杖《しゃくじょう》を持つなど、造型上、注目すべき点が多い。

平《へ》群《ぐり》

日本霊異記
上　第三十五

地図　P173

尊像の遍歴

河内国若江郡遊宜《ゆげ》の村に、修行を積んだ尼がいました。名前は分かりません。平群の山寺に住みつき、仲間を集めて講を主宰し、四恩《しおん》（三宝、国王、父母、衆生）に報いるために仏の絵を描いてその中に六道も記し、供養をなした後で寺に安置しました。ところが、尼が所用で外出した間に、何者かがその絵像を寺から盗み出してしまいました。尼は嘆き悲しんで探し回りましたが、どうしても見つかりませんでした。

さて、ある日、尼は放生会《ほうじょうえ》の催行を思い立ち、難波の市をひと回りして、帰路につこうとしていました。

と、その時、樹上にある担い籠から、さまざまな種類の生き物たちの声が聞こえてきました。尼は、

「あれは畜生の類に相違ない。買い求めて、自由にしてやらねば……」

と考え、籠の持ち主に掛け合いましたが、先方は、

「中身は生き物ではない」

と言い張り、押し問答になりました。

そこで、市の皆が間に入り、いよいよ籠を開けることになったのですが、気づけば、
籠の持ち主は遁走してしまっていました。

尼が籠を開けてみると、中身はなんと例の絵像でした。

尼は歓喜の涙を流し、

「この絵像が寺から姿を消して以来、日夜、どれほど恋しく思っていたことか。それが、ようやくこうして巡り会えました。嬉しいことよ」

と声を上げました。

市の人々はこの顛末を聞いて、

「珍しいこともあるものだ」

と褒め称えました。

尼は喜び勇んで放生会を行い、絵像を元の寺へ戻して、皆でこれを敬いました。

地名一口メモ《平群》

現在の奈良県生駒郡平群町のあたり。「へぐり」という地名の語源は、おそらく「へぐに（辺国）」であろう。つまり、「大和国の辺国（辺郡）」という意味の「へぐに」が、「へぐり」へ転訛したと考えられる。『日本書紀』応神天皇十六年八月条に「平群《へぐりの》木菟《つく》宿禰《のすくね》」という人名が見え、藤原京から出土した木簡には地名としての「平群」が登場していることからしても、相当に古い呼称である。

菩《ぼ》提《だい》山《せん》

沙石集
第八ノ一

地図　P171

小袖の表裏

菩提山の本願僧正の僧房に、忠寛正信房《ちゅうかんしょうしんぼう》という僧が住んでいました。いつもねぼけて失敗ばかりするので、「眠り正信」とあだ名されていました。

ある日のこと。

正信は、舎利講の法会に於いて、樒《しきみ》の葉や花弁を撒く散華《さんげ》の役を割り当てられていました。法会は、梵唄《ぼんばい》・散華・梵音《ぼんのん》・錫杖《しゃくじょう》の四部から構成されていますが、散華はその二番目です。梵唄が続くうち、案の定、正信は眠りこけてしまいました。

やがて梵唄が終わりましたので、他の僧が気をきかせて正信を揺すり起こしました。ところが、ねぼけまなこの正信は、散華を行うどころか、まちがえて錫杖を手にして「手執錫杖《しゅしゅしゅうしゃくじょう》」と唱え出す始末でした。

またある夜、正信が寝ずの番をしておりますと、どこからか鳥の鳴き声が聞こえました。寝ぼけていた正信の耳には、それが、

「忠寛、忠寛」

と聞こえたものですから、てっきり本願僧正が自分をお呼びなのだと思い込み、仰々しく返事申し上げて、僧正の元へ伺いました。

僧正が、

「どうしたのだ？　何か用か」

とおっしゃいましたので、正信が、

「どうしたもなにも、お呼びがございましたので、参上致したのです」

と申し上げますと、僧正からは、

「呼んでなどおらぬぞ」

とのお言葉。

そうこうするうちに、空からまたしても鳥の声が聞こえたものですから、正信は、我が意を得たりとばかりに、その声の方を指さし、

「ほれ、あの通り、お呼びがございました」

と申し上げたそうです。

また、入浴時の汗で濡れた僧正の小袖を干す際にも、正信は失敗をしでかしました。小袖を伏籠《ふせご》に打ち掛ける時、表裏を取り違えて、濡れている方を上、乾いている方を下にして掛け、そのまま居眠りしてしまったのです。

「乾かした小袖を早く持って来ぬか」

と急かされて慌てて目覚めてみると、白い小袖には、伏籠の金網の形のとおりに薄茶色の焦げ跡がついてしまっていました。

「これは一大事」

とばかりに、焦げ目のない、濡れたままの方を表にしてくるくると巻いて、僧正へ差し上げました。すると、受け取った僧正が、

「どうしてまだ濡れておるのか？」

とお訊ねになります。正信は、

「ともかくそのままお召し下さい。表はまだ濡れておりますが、裏はちゃんと乾い

て焦げておりますので……」

と申し上げました。

僧正は、

「このたわけめ」

とおっしゃり、小袖はそのまま正信へ下しおかれました。

地名一口メモ《菩提山》

ここでいう「菩提山」とは、奈良市菩提山町《ぼだいせんちょう》に所在する菩提山正暦寺《しょうりゃくじ》のこと。菩提山真言宗大本山。正暦三年（九九二）に藤原兼俊（兼家の息子）が建立。治承四年（一一八一）、平重衡による南都焼き討ちで焼亡したが、後に興福寺の傑僧信円《しんえん》によって再興された。ただ、その後もたびたび大火に見舞われ、現在の本堂は大正五年（一九一六）に再建されたもの。本尊は、薬師如来倚像。

三橋《みつはし》

今昔物語集
巻第二十七　第三十七

地図　P172

射られた巨樹

今は昔、春日大社の宮司の甥に某という者がいました。

馬に草をはませるうちに姿を見失ってしまいましたので、某は弓矢を携え、従者をひとり連れて捜しに出かけました。

彼の住まいは、奈良の京《みやこ》の南にある三橋というところでした。そこから東の山の中へ入ること、二、三十町。日も暮れて、夜になってしまいました。朧月夜でありました。

馬を捜し歩くうち、根元の太さが二間四方、高さ二十丈ほどもあろうかという杉の巨木が向こう側にそびえていることに気づきました。

某は従者に訊ねました。

「お前の目には、あの杉の巨木が見えるか」

従者が頷きますと、某は続けて、

「この国にあれだけの巨木が生えているなどと、今の今まで誰からも聞いたことがない。きっと、われわれ二人は、惑《まど》わし神の術によって、幻を目にしているのだ。なんとも恐ろしいことだ。もう家へ戻ろう」

ところが、従者はこう言いました。

「これほどの珍事に遭遇して、何もせぬまま引き返すのは、惜しいことです。幸い、われわれは弓矢を持ち合わせているのですから、今からあの杉の木の根元あたりへ矢を射こむというのは如何でしょう。そうしてから一旦ここを立ち去り、明朝、戻ってきて様子を見るのが得策かと……」

言われて某も納得し、二人して大木へ近づきますと、同時に矢を射こみました。

すると、確かに手応えがありました。

と同時に、杉の巨木が、ぱっと消えてなくなってしまったのでした。

次の朝、某と従者が前日の場所へ出向きますと、毛も抜け落ちた老狐が、杉の枝を

くわえたまま、息絶えていました。身体には、昨夜彼らが放った二本の矢が突き立っていました。

二人は、

「あの折の幻は、こいつのせいか……」

と頷きあい、矢を引き抜いてその場を去りました。

地名一口メモ《三橋》

佐保川の東岸、現在の奈良県大和郡山市上三橋町・下三橋町一帯を指す。『続日本紀』の和銅七年（七一四）十二月条に「新羅使入京。遣従六位下布勢朝臣人。正七位上大野朝臣東人。率騎兵一百七十、迎於三椅《みつはし》」、宝亀十年（七七九）四月条に「率騎兵二百、蝦夷廿人、迎接於京城門外三橋」との記述がある。なお、三橋荘は、春日大社や興福寺の支配下にあった。岩井川の水利権に関して他荘に優位していたという。

三《み》輪《わ》

今昔物語集
巻第二十　第四十一

地図　P174

賢臣の直言

今は昔、持統天皇の御代に、中納言大神高市麿《おおみわのたけちまろ》という人がいました。廉直な性格で、学識豊かであり、政務にも通暁していたので、天皇に信頼されていました。

ある時、天皇が、

「伊勢方面へ狩りに行くので、準備を整えよ」

と臣下の者たちに命じました。三月頃のことでした。

すると、高市麿が奏上しました。

「只今は、農繁期でございます。この時季に行幸をなさいますと、諸般の準備のために領民たちが駆り出され、農事に支障をきたすでありましょう。思いとどまられては如何でしょうか。」

しかし、天皇は聞き入れず、

「構わぬから、準備を致せ」

と再度、命じました。

ところが、高市麿はなおも食い下がり、

「この時期の行幸は、民の苦しみに繋がります。ご再考を……」

と重ねて進言しました。

これを聞いた天皇はついに折れ、行幸は中止となりました。世の民が喜んだことは、申すまでもございません。

また、国じゅうが干ばつに苦しんだ時のこと。

高市麿は自分の田の取水口をふさぎ、水を民の田へ回してやりました。自分の田の稲を枯らしてでも、他人への施しを忘れない高潔な人物だったのです。

このことには天の神も感心なさり、龍神に命じて、高市麿の田にだけ、慈雨を降らせたのでありました。

大和国城上郡《しきのかみのこおり》三輪は、高市麿の中納言の屋敷のあった土地です。後にその屋敷は寺にされ、三輪寺と名づけられました。

地名一口メモ《三輪》

奈良盆地の南東部、奈良県桜井市の地名。「おおみわ」とも呼ばれ、「大神」「美和」などの用字もある。大御輪寺は、現在、大神《おおみわ》神社の摂社である大直《おおたた》禰子《ねこ》神社の場所にあった寺で、同社の神宮寺であった。同寺の本尊十一面観音像（国宝）は、明治改元の直前に聖林寺《しょうりんじ》（奈良県桜井市）へ移され、今日に至っている。フェノロサや和辻哲郎らが激賞したことで、その存在が広く知られるようになった。

室生寺《むろうじ》

古事談
巻第五

地図　P175

龍穴の主《あるじ》

室生の龍穴は、善達龍王の棲む場所です。

この龍王は、当初、猿沢の池に棲んでいました。

しかし、この池へ采女が身を投げる事件が起こったので、龍王は死穢《しえ》を避け、香山《こうぜん》（春日山の南にある）へ移り住みました。

ところが、下人が香山へ死骸を棄てることが度重なったので、龍王は穢れを避けるためにこの地を去り、最終的には室生に住むようになったのでした。

さて、日対上人には、龍王のお姿をひと目、拝見したいという宿願がありました。

そこで、あるとき、室生の龍穴の深奥を訪れました。

穴へ入り、暗闇の中を三、四町進むと、急に広くて明るい場所へ出ました。

眼前には、壮麗な宮殿がそびえていました。
日対の立っていたところは、その南の軒下でした。
そこから、珠の簾のさがった部屋をのぞきこみますと、室内には玉でつくられた美

しい机が置かれ、その上には、法華経が載っていました。

しばらくすると、誰かが部屋へ入ってきた気配がしました。

おそらくは、龍王でしょう。

龍王は人影に気づき、

「何者であるか？」

と問いました。

日対が恐懼しながら、

「ひと目お姿を拝見したいとの一念で、失礼をも顧みず、参上しました」

と申し上げますと、龍王曰く、

「ここでは、そちに目通りは叶わぬ。すぐさま龍穴を出て、三町ばかり離れて、そこで待っておれ」

そこで、日対は穴を出て、言われたとおりの場所で待っていました。

すると、衣冠の威儀を正した貴人が、突如、地中から上半身だけ姿を現したかと思うと、すぐに消え去ってしまいました。

日対は、その場所に社殿を建立し、龍王の尊像を刻んで安置しました。今でも、雨乞いの際には、そこで読経が行われます。願いが聞き届けられると、まずは龍穴の上に黒雲が湧き、それがみるみるうちに空いっぱいに拡がり、ほどなく雨が降り出すと言われています。

地名一口メモ《室生寺》

奈良県宇陀市に所在する真言宗室生寺派の総本山。この地の龍神信仰（水神信仰）を踏まえ、興福寺の僧の賢璟《けんきょう》が八世紀末に創建した。興福寺の支配下にありながら、時代が下るにつれて真言密教の流入が著しく進み、元禄十一年（一六九八）には新義真言宗豊山《ぶざん》派の寺院となった。更にその後、独立して、室生寺派を形成している。女性の参詣を許していたことから、「女人高野《にんこうや》」の俗称が生まれた。

本元興寺《もとがんごうじ》

今昔物語集
巻第十一　第二十二

地図　P176

樹上の声

今は昔、女帝推古天皇の御代には、仏法が栄え、堂塔を建立する者がたくさんいました。

推古天皇自身も、百済から来日した鞍作鳥《くらつくりのとり》に銅製の丈六の釈迦像を作らせ、これを飛鳥の地に安置せしめようと考えました。

となると、まずはそれを収める堂宇を建立せねばなりません。

ところが、これはと思う土地には、いつの世に生え出たとも知れぬ大きな槻《つき》の樹がそびえていました。

「邪魔な大木は直ちに伐り倒すべし」との宣旨が下されましたので、役人立会いのもと、さっそく人足たちが作業にかかりましたが、一人が幹へ斧を二、三度うちこむや否や頓死してしまい、現場は大騒ぎになりました。

おかげで、工事は中断。

しばらく間を空けてから、別の者が命じられるままに、恐る恐る幹へ斧を入れたところ、最初の者と同じく、あっけなく死んでしまいました。人足たちは、道具を放り出して現場から逃げ去りました。「お役人からいかなるお咎めを受けようとも構わぬ。うかうかあの樹に近づいて、命を落とすよりはましだ」と口々に言って、震え上がったのでした。

そんなおり、一連の騒動を見聞きして、

「この樹を伐ろうとすると人が死ぬのは、どうしたわけだろう？」

といぶかしがる僧が現れました。

僧は、ある大雨の晩、蓑笠をつけて例の大木のところまで出かけて行き、太い幹にぽっかり空いた洞《ほら》に身を潜めました。

すると、樹の上の方から、大勢の話し声が聞こえてきました。

「この間は斧で伐りにかかった奴を数人、蹴《け》殺してやったが、さりとて、このまま伐られずに済むとも思われぬ」

「この先どうなるかは分からぬが、とにもかくにも、当座はこの樹に手を出す者を皆殺しにするまでさ。そうすれば、早晩、誰もこの樹に寄りつかなくなるだろう」

「それはそうだが、麻苧《あさお》の標縄《しめなわ》を引き巡らせた上、大祓《おはらえ》の祝詞《のりと》をあげてから伐りにかかられたら、もはや防ぎようがないぞ。」

「うむうむ、それはそうだな……」

僧は、

「よいことを聞いた」

とほくそ笑みながらそっと洞を抜け出し、後日、その旨を朝廷へ奏上しました。

朝廷は大いに喜び、ただちに聞き知った通りの作法・手順を踏んでから工事にかかりました。すると、今度は一人の死者もなく、伐採の作業は順調に進みました。

やがて、さしもの大木も耐えきれずにいまや伐り倒されんというとき、五、六羽の鳥が梢から飛び立ちました。その直後、大木は地面へ倒れ臥しました。

こうして大木は跡形もなく伐り除かれ、その地に堂宇の土台が築かれました。

追われた鳥たちは、仕方なく南の山のあたりへ移り棲みました。天皇はこれを哀れみ、社殿を建立して、鳥たちへ与えました。竜海寺《りゅうかいじ》の南の地に、いまも神社として残っています。

地名一口メモ《本元興寺》

奈良県高市郡《たかいち》明日香村に所在した寺。飛鳥寺、法興寺《ほうこう》などとも呼ばれた。なお、本元興寺という呼称は、平城京の元興寺と区別するため。蘇我馬子《うまこ》の発願により推古四年（五九六）に伽藍が竣工。十年後、本尊の釈迦如来が鞍《くら》作鳥《つくりのとり》により完成。日本最古の仏像であったが、建久七年（一一九六）の雷火で、頭と手以外は焼失した。この時、金堂なども焼亡し、現在は安居院《あんごいん》がひっそりと建つ。

薬《や》師《し》寺《じ》

今昔物語集
巻第十二　第二十

地図　P171

名刹の火難

今は昔、ある夜、薬師寺の食堂《じきどう》から火事が出ました。火は南の方へ燃え広がっていきました。食堂の南には講堂や金堂がありますから、このままでは延焼は必至です。

僧たちはなすすべもなく、

「天智天皇の建立以来、三百余年の間、火難とは無縁であったのに、とうとう、ここに至って、焼け落ちてしまうのか」

と泣きながら、騒ぎ惑っていました。

そうこうするうち、食堂は焼き尽くされたものとみえて、黒煙は白煙へ変わり、やがて夜が明けました。

ただ、奇妙なことに、焼け跡近くでは、大きな黒い煙の柱が三本、空へ立ち上っています。

人々が不審に思ってよく見てみますと、それは煙の柱ではなく、鳩の群れでした。無数の鳩が、金堂、東塔、西塔の三つの建物の周囲を飛び回って、火気を寄せつけないようにしていたのでした。この寺の薬師仏の霊験というべきでありましょう。

ちなみに、南大門の前には、この寺の鎮守として、八幡様が祀られています。例の鳩たちは、この八幡様のおつかわしめだったのです。ちなみに、三年後には食堂・四面の廻廊・中門・鐘楼などが再建されました。

さて、またある年には、異様に激しいつむじ風が寺を襲いました。

この折、金堂の上の階《きざはし》が突風で吹き飛ばされ、空へ舞い上がったかと思いますと、講堂の前の庭へ落下しました。ところが、これだけのことがあったのに、材木一本折れてはおらず、瓦一枚割れてはいませんでした。

そこで、無傷のままの階は、そっくりそのまま、元通りに金堂の上へ戻されたのでした。実に不思議な出来事でした。

はたまた、こんなことも起こりました。

ある時、南大門の天井の格子をつくるべく、吉野の寺領から材木三百本が伐り出され、筏《いかだ》に組まれて、川を運ばれてきました。

ところが、まさに陸揚げをしようした折も折、国司の藤原義忠《のりただ》がこれを制止し、

「これらは内裏の用材に回す」

と、すべての材木を無理やりに差し押さえてしまったのでした。そして、今度は自分の裁量で、材木を川から引き揚げさせると、寺の東の大門の前に山積みにさせました。あとで京へ運ぶのに、その方が都合が良かったからでした。

寺僧たちは懸命に事情を説明しましたが、国司は聴く耳を持ちません。

そこで、寺僧たちは、例の八幡様の御前で、百日の仁王講《にんのうこう》の祈祷を始めました。

すると、それから七、八十日ほど経ったころ、国司は金峰山《みたけ》詣での帰路、吉野川へ転落して、帰らぬ人となってしまいました。

こうして、材木は無事に寺の所有に帰したばかりか、国司のおかげで、川から寺まで運んで来る手間も省けたわけです。

見れば、積み上げられた材木の上には、またしても無数の鳩が飛び来って、羽根を休めていました。

地名一口メモ《薬師寺》

奈良市西ノ京町に所在する、法相宗大本山。南都七大寺の一。天武天皇九年（六八〇）、天武天皇が皇后の病気平癒を祈願して藤原京に建立。平城遷都に伴って現在地へ移転。伽藍の造営は九世紀前半まで営々と続けられた。金堂に祀られた薬師三尊像は国宝。脇侍の日光・月光両菩薩像は柔らかな姿態表現が特に目を惹く。なお、伽藍のうち、創建時の建物は東塔のみ。国宝で、高さは約三十四メートル。水煙に舞う飛天が美しい。

夢《ゆめ》殿《どの》

今昔物語集
巻第十一　第一

地図　P173

経典の由緒

聖徳太子は、小野妹子という人物を、大隋の衡山《こうざん》というところへ派遣しました。太子が前世で修行していた場所です。太子は、旅立つ小野妹子へ言いました。

「赤県《せきけん》の南に衡山がある。その山中には般若寺《はんにゃじ》がある。私が前世で修行していた寺だ。当時の修行仲間の大半はすでに死んでおろうが、三人だけ生き残りがいるはずだ。お前はそこへ行き、彼らに私からの使いだと言って、私が当時、奉持していた一巻仕立ての法華経を貰ってきて欲しいのだ」

小野妹子が、太子の指示通りに般若寺を訪れますと、太子の言葉にあったように、三人の老僧が杖ついて出て来て、歓待してくれました。そして、太子ご所望の経を小野妹子へ持たせてくれました。こうして経は太子の手に渡りました。

さて、太子は、鵤《いかるが》の宮の寝殿のそばに、夢殿という堂宇を建て、一日に三度、沐浴して身を清めてから、中へ入るのを常としていました。

そして、翌朝には外へ出て来て、人間世界の善悪について語りました。また、夢殿の内で、さまざまな経典の注釈書を作りました。

ところがあるとき、太子が夢殿に籠もって、七日七晩、出てこなかったことがありました。戸は閉じ立てられたままで、中から物音ひとつ聞こえてきません。

人々は不審がっていますと、高麗の恵慈《えじ》法師は、こう言いました。

「きっと太子は、三昧定（宗教的な瞑想）に入っておられるのだ。邪魔をしてはいけない」

八日目の朝、太子はようやく夢殿から出て来きました。そばの飾り机の上には、一巻の経が乗っていました。太子が恵慈法師へ言うには、

「これこそが、私が前世で奉持していた経です。この間、小野妹子が持ち帰ったのは、当時の私の弟子のものでした。般若寺の老僧たちは、私が大事な経をどこにしまったのか知らなかったので、まちがって違う経を小野妹子へ渡してしまったのでしょう。

仕方がないので、私は自分の魂を般若寺まで飛ばして、欲しかった経を取ってきました」

小野妹子が持ち帰った経とこの経を比べてみますと、さきの経には書かれていない文字が一字だけありました。

さて、翌年、小野妹子が再び例の寺を訪れますと、以前の老僧三人のうち、二人は死去していました。生き残った一人が言うには、

「昨秋、あなたの国の太子が、青龍《せいりゅう》の車に乗り、五百人の従者を従えて、東方より飛来なさいました。そして、古い部屋に集めてあった経典類の中から、ある一巻の経だけを取り出すと、雲を押し分けて帰って行かれました」

太子が夢殿へ籠り、七日七晩出てこなかったのは、この時のことであったのでしょう。

地名一口メモ《夢殿》

法隆寺は、奈良県生駒郡斑鳩町に所在する聖徳宗総本山。南都七大寺の一。聖徳太子によって七世紀初頭に建立された。斑鳩寺、法隆学問寺などとも呼ばれる。伽藍は大きく東院と西院に分かれ、西院に金堂・講堂・五重塔・廻廊など、東院に夢殿・伝法堂・鐘楼などを擁する。金堂は世界最古の木造建築、五重塔は日本最古の塔で、ともに国宝。八角堂の夢殿も国宝で、中央の厨子には秘仏 救世観音を祀る。

吉《よし》野《の》

西鶴諸国ばなし
巻三

地図　P178

天下人の器量

昔、吉野に僧がいました。西行が住んでいたという苔清水《こけしみず》の庵の跡地に暮らしていました。

ある雨の折、近隣の者たちがこの庵に集まって、降り止まぬ雨を見ながら、僧もまじえて茶飲み話に興じていたところ、急に雨が強まったのをまちかねたように、古い茶臼の心木《しんぎ》の穴から、長さ七寸ばかりの蛇が一匹、姿を現しました。

蛇は柚の枝へ飛び移り、そのまま枝を登っていくと思いのほか、登り続けてついには雲間に隠れ、見えなくなってしまいました。

ちょうどその時、麓《ふもと》の村から数人が駆けつけて来て、

「ついさっき、この庭から、長さ三十丈もあろうかという龍が天へ登りましたよ」

と騒ぎ立てます。皆が驚いて、外へ出てみますと、門前の榎《えのき》の大木の太枝が引き裂かれ、その下の地面はえぐれて水が溜まり、池のようになっていました。

「これは天下の一大事だ」

とおののく皆に、僧が笑いながら言いました。

「これしきのことで驚いていてはいけません。私は、諸国を遍歴している間、もっと不思議なものを見聞きしましたよ。

たとえば、筑前では、大人が二人がかりでないと運べないような大蕪《かぶ》がとれます。

また、出雲の松江川には、体の横幅が一尺二寸もある鮒が棲んでいます。松前には一里半も伸びた昆布があり、対馬では髭《ひげ》が一丈もある老人に会いました。

こんな話もあります。昔、嵯峨天竜寺の策彦《さくげん》和尚が明から戻られ、織田信長公と面談なさいました。和尚が、

『霊鷲山池《りょうじゅせん》の蓮の葉は、一枚で二間四方の広さがあります。これを渡る風は涼やかなので、夏には、この葉の上に寝転んで、涼をとる者がおります』

と申し上げたところ、信長公は大笑いなさったそうです。

やがて退出した和尚は、隣室で涙を浮かべておられました。
これを見た信長公の近臣が、

『お殿様が貴殿のお話をお笑いになったのがくやしくて泣いておられるのか』と訊ねたところ、和尚が答えたそうです。

『さにあらず。この天下を治めておられる信長公の大きな御心《みこころ》からすれば、八畳敷の蓮の葉とて、何が大きかろう。その度量の大きさに改めて気づかされましたので、感動のあまりに涙に暮れておりますのじゃ』」

地名一口メモ《吉野》

「芳野」とも書く。「美吉野《みよしの》」とも言うが、これは文字通り、吉野の美称である。「吉野」の語は多義的で、奈良県吉野郡を指す場合もあれば、吉野川流域一帯を漠然と指す場合もある。最も狭義には、吉野山を指す。なお、『万葉集』所収の吉野の和歌には、桜が詠み込まれていない。その一事をもってしても、「吉野が桜の名所として称揚されるようになったのは、役行者の頃」とする俗説には、やはり無理があると思われる。

宇治拾遺物語
巻第一

竜門《りゅうもん》

地図　P177

奇妙な鹿

大和国竜門というところに、一人の聖《ひじり》が住んでいました。

住地にちなんで、竜門の聖と呼ばれていました。

この聖と親しい者たちの中に、猟師がいました。

ある夏の夜、猟師は鹿狩りに出かけました。

照射《ともし》といって、暗闇で松明を灯《とも》し、その光を反射して、暗闇に潜んでいた鹿の目がきらりと光ったところをすかさず射殺《いころ》すという猟法が、鹿狩りの常道でした。

いつものように松明を灯すと、向こうの方で鹿の目らしきものが光りましたので、弓に矢をつがえて射ようと思いました。

しかし、鹿の目にしては両眼の間隔が離れているし、目の色も見慣れたものとは違

いましたので、射るのを止めて、馬で近づいてみました。

見れば、確かに鹿が地面にうずくまってはいますが、何か様子が変です。

さらに近づいてみますと、それは生きた鹿ではなく、鹿の皮をかぶった何者かでした。

皮をはいでみて、びっくり。中にいたのは、竜門の聖だったのです。

猟師が、

「どうしてあなたが？　こんなところで、一体、何の真似ですか？」

と詰問しますと、聖が涙ながらに言うには、

「お前は、わしが何度言い聞かせても、殺生を止めようとしない。だから、わしはいっそのこと、鹿の身代わりになって、お前に射殺されてしまおうと考えたのだ。そうすれば、さすがのお前も自分の罪深さに心づいて、狩りを止めてくれるだろうからな。だが、あと少しというところで、死にぞこなったわい」

これを聞いた猟師は深く恥じ入り、号泣しながら刀を抜くと、弓の弦を切り、ついで自分の髻《もとどり》を切って、そのまま法師となりました。

そして、その後は聖とともに、仏道修行に励みました。

地名一口メモ《竜門》

龍門とも書く。竜門岳（奈良県吉野郡吉野町）を中心とする地域。竜門岳は竜門山地の主峰で標高九〇四メートル。ここから流れ出た竜門川はやがて竜門滝となる。江戸時代には松尾芭蕉も観瀑した。一帯は中国の神仙境に擬され、久米の仙人が修行したとの伝説がある。竜門滝周辺には、陽成天皇、宇多上皇、能因法師、藤原道長らが訪れた竜門寺の寺跡が点在する。室町時代の火災で焼失し、以後、廃寺となったらしい。

説話と奇談でめぐる奈良　地図

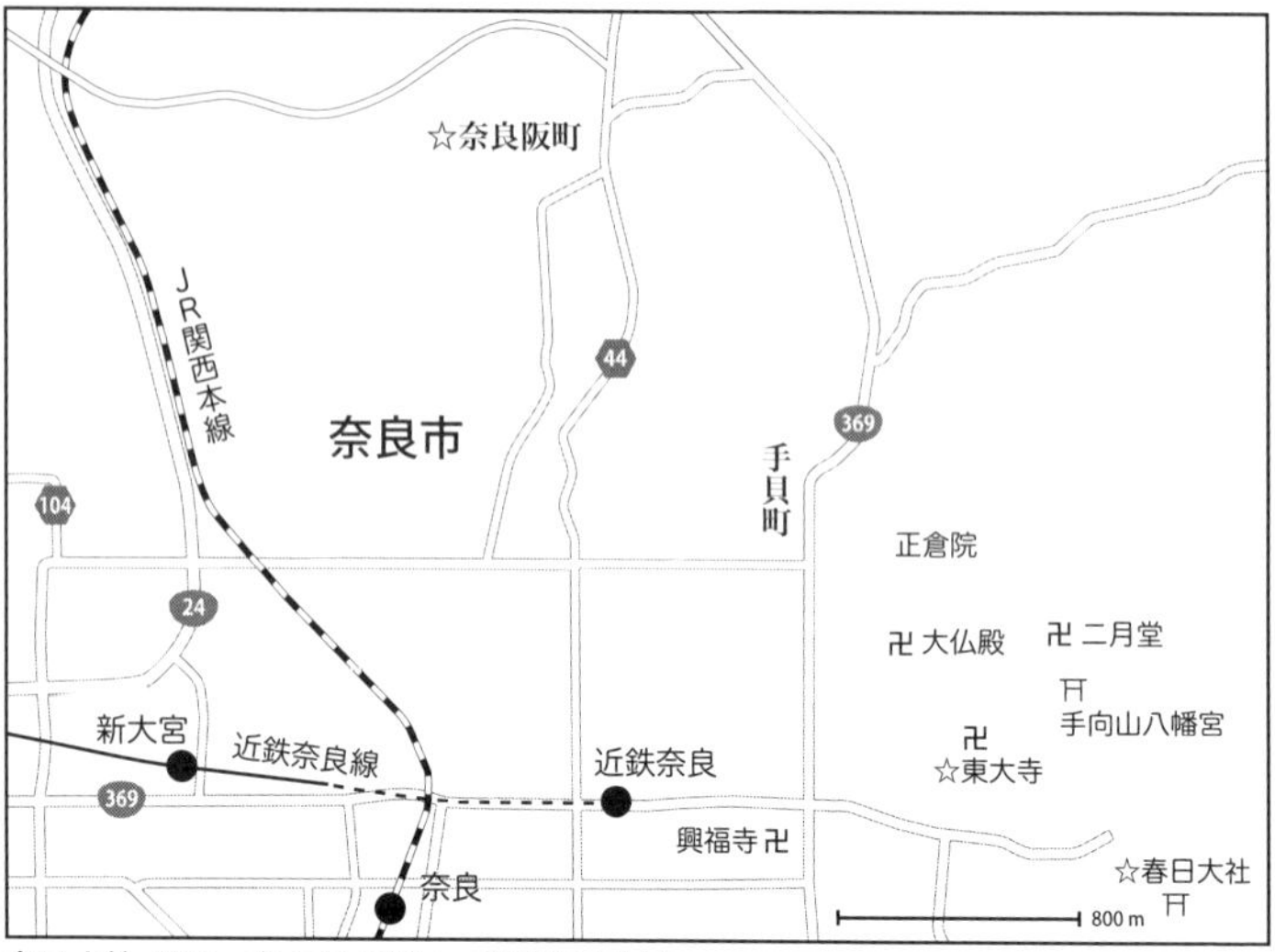

春日大社 P40　東大寺 P104　奈良坂 P116

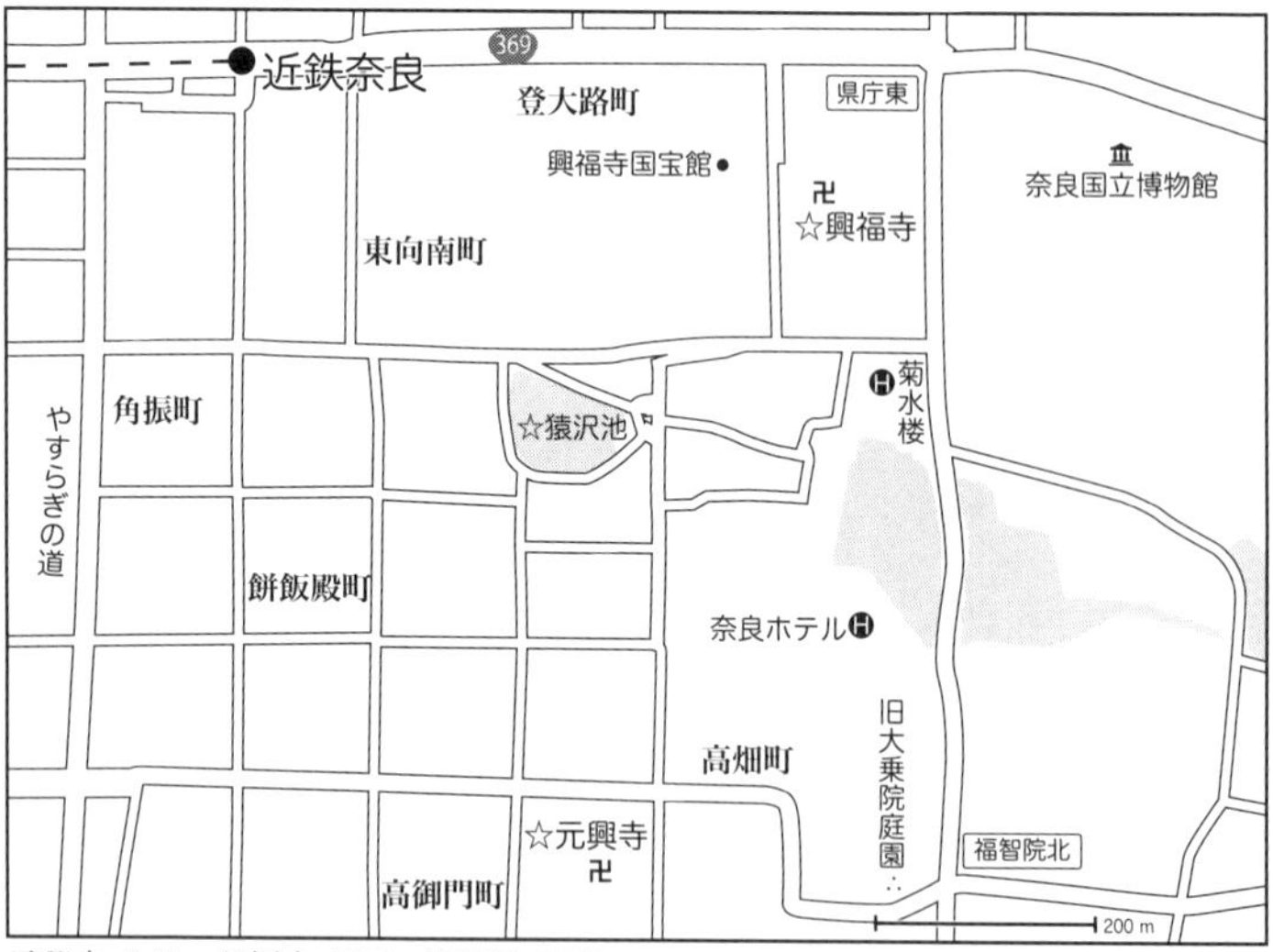

元興寺 P48　興福寺 P64　猿沢池 P80

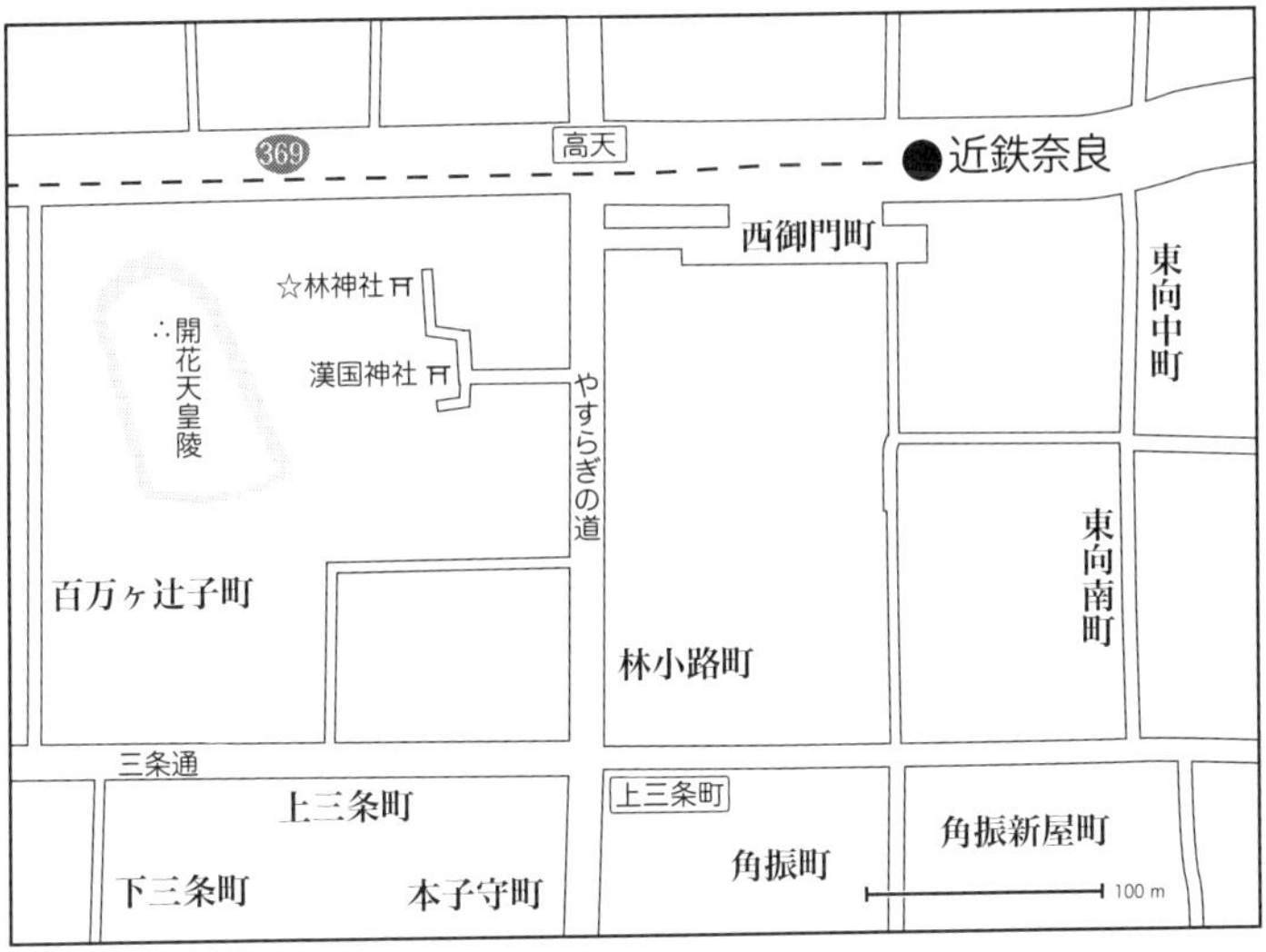

二條村（林神社）P120

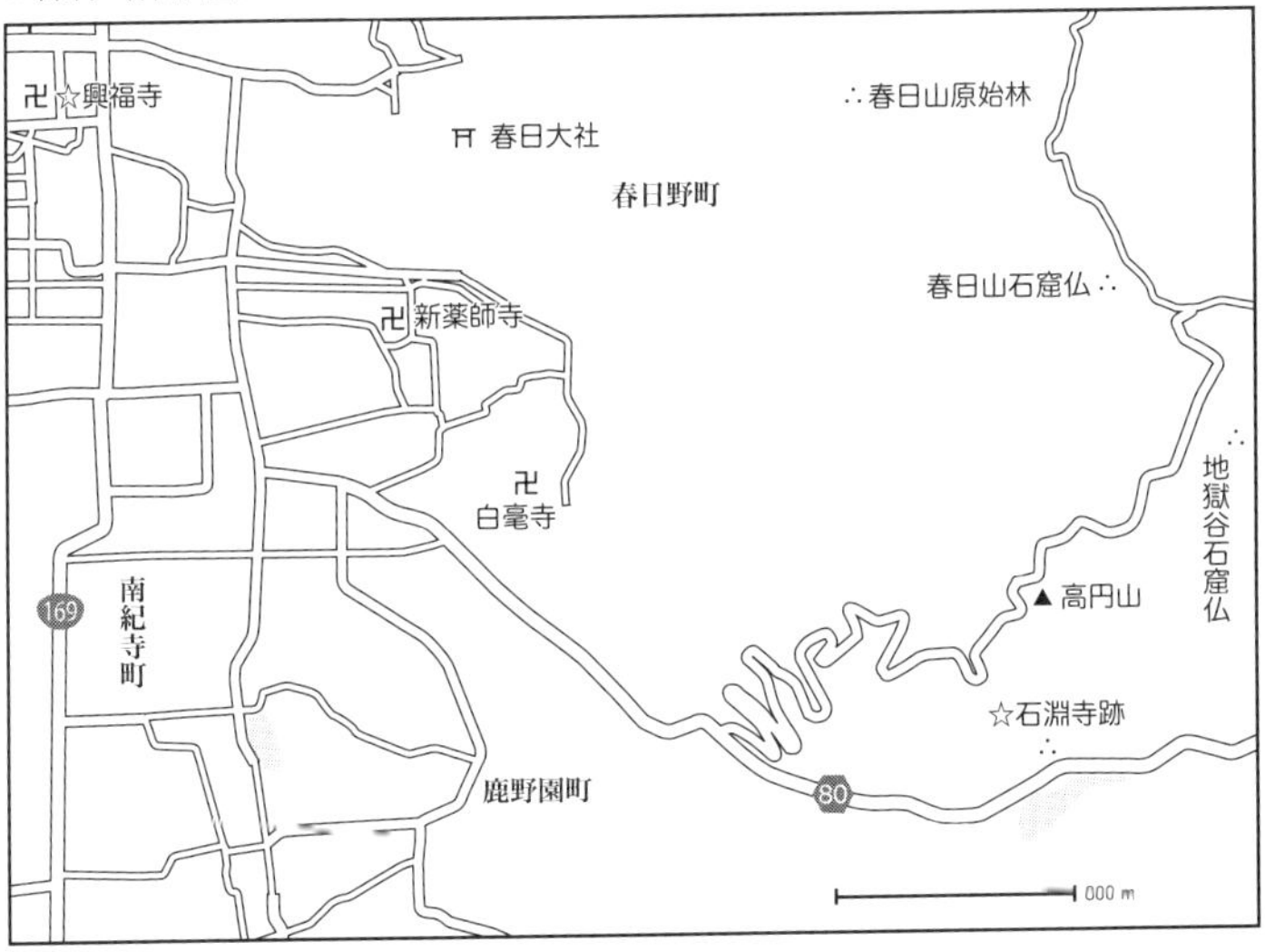

岩淵寺 P16

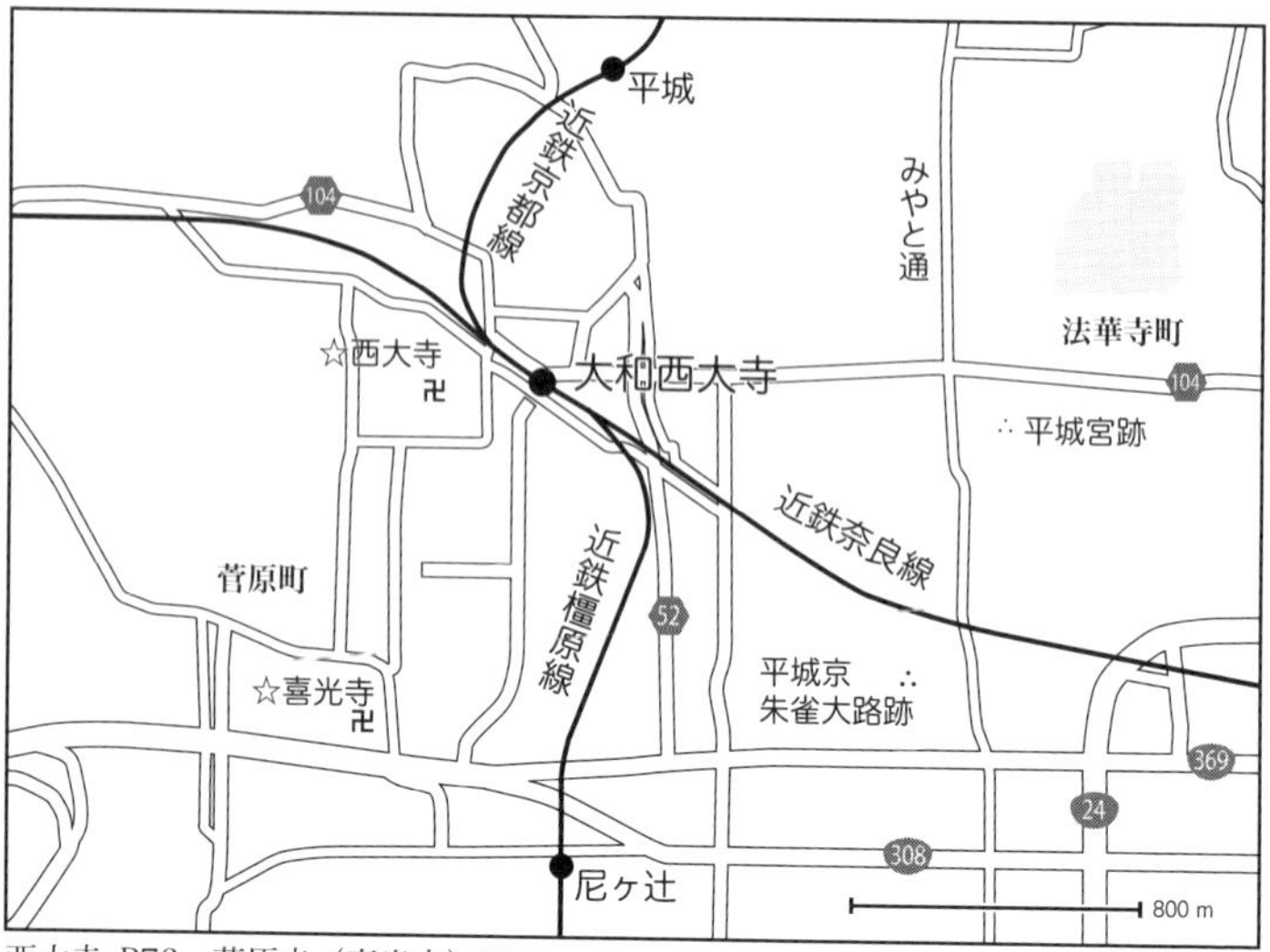

西大寺 P76　菅原寺（喜光寺）P88

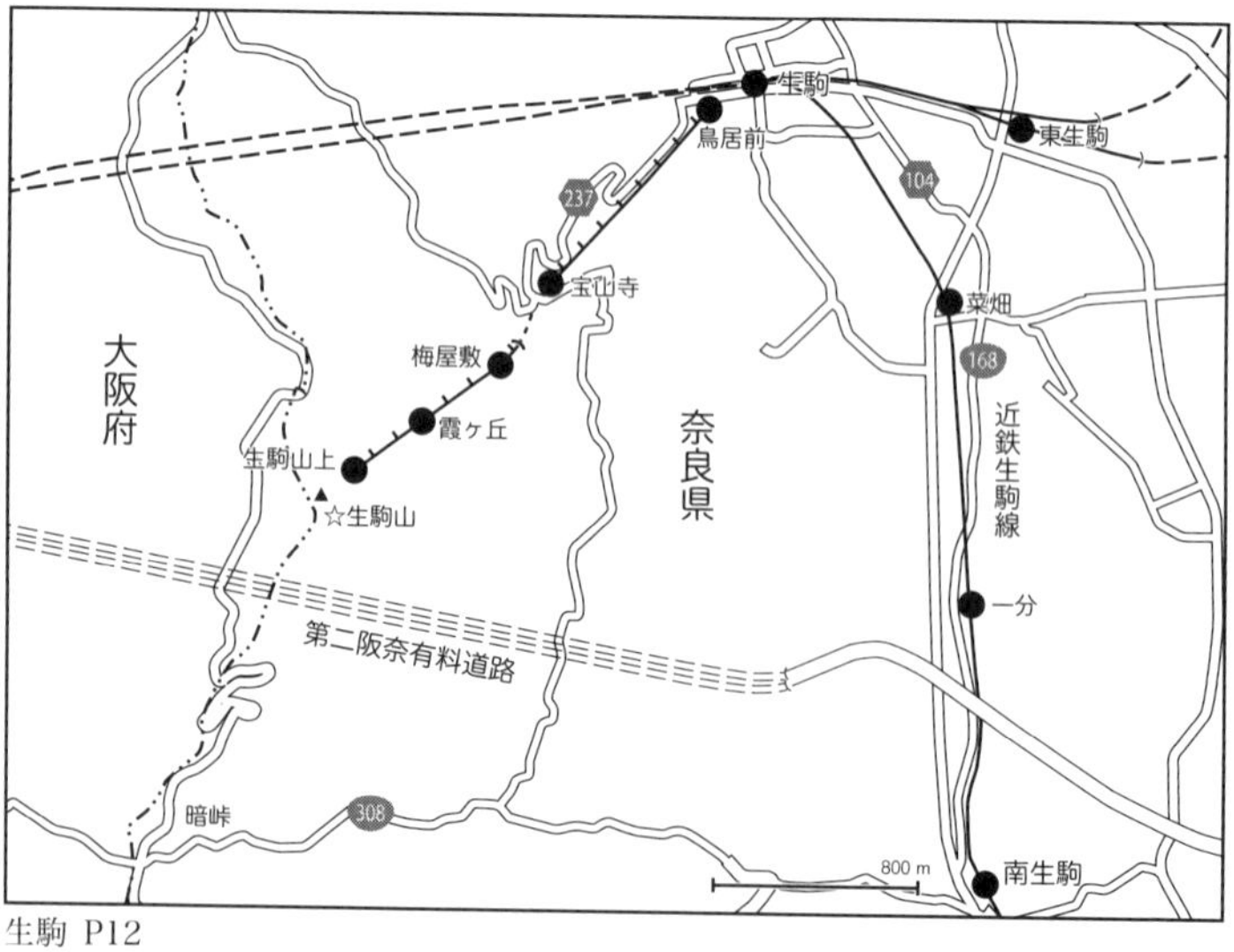

生駒 P12

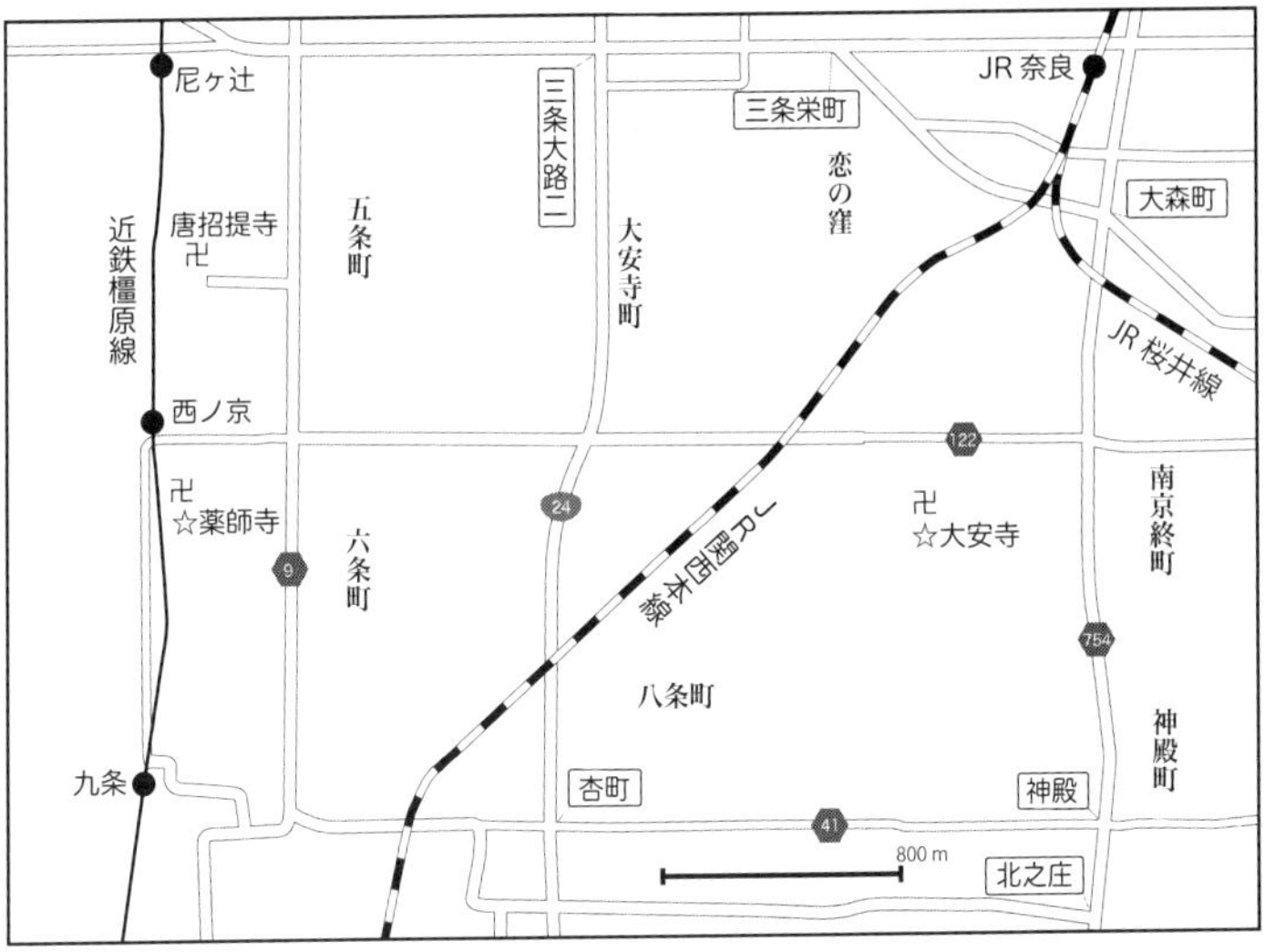

大安寺 P96　薬師寺 P152

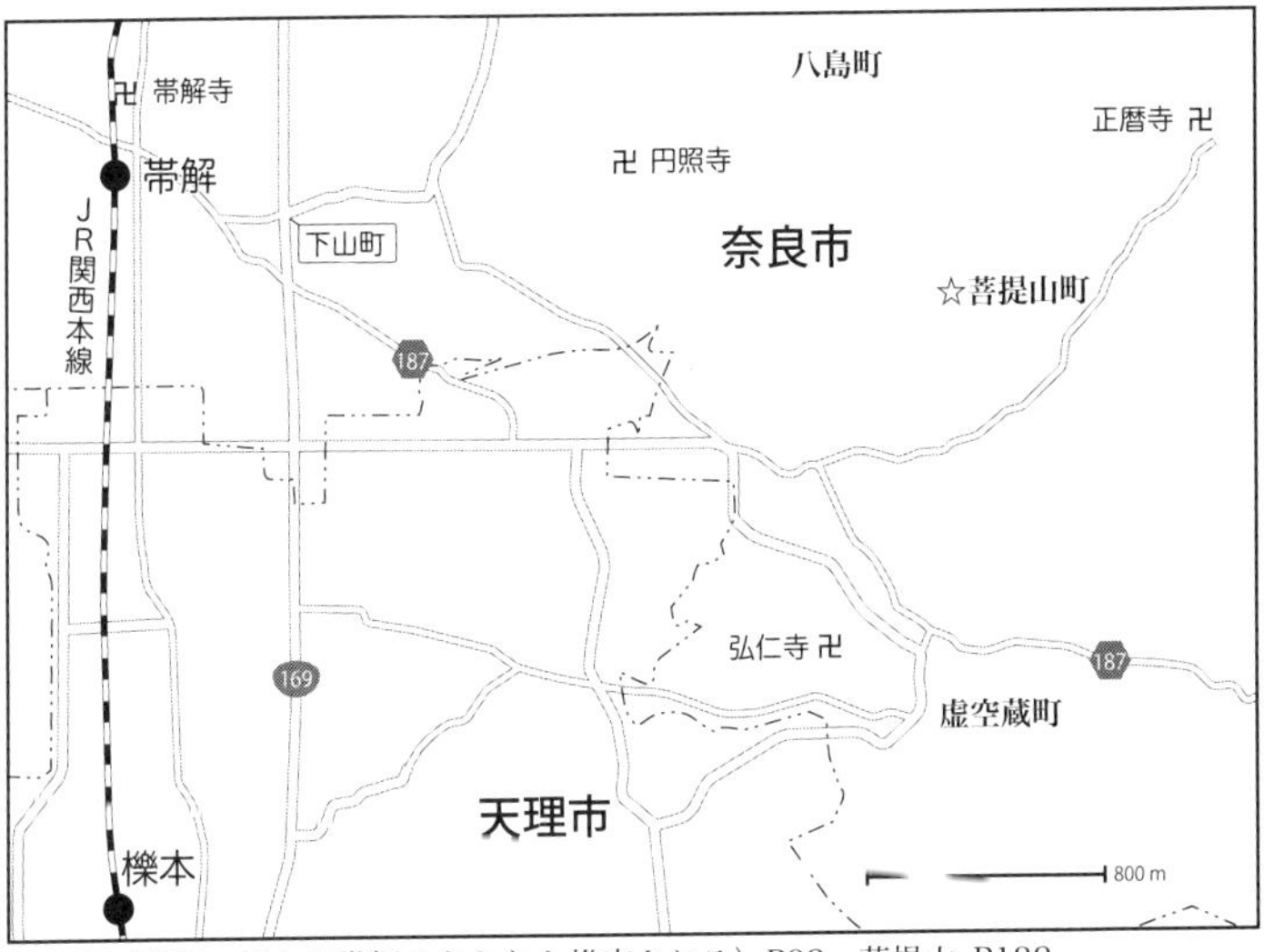

添上郡（説話の舞台は帯解のあたりと推定される）P92　菩提山 P132

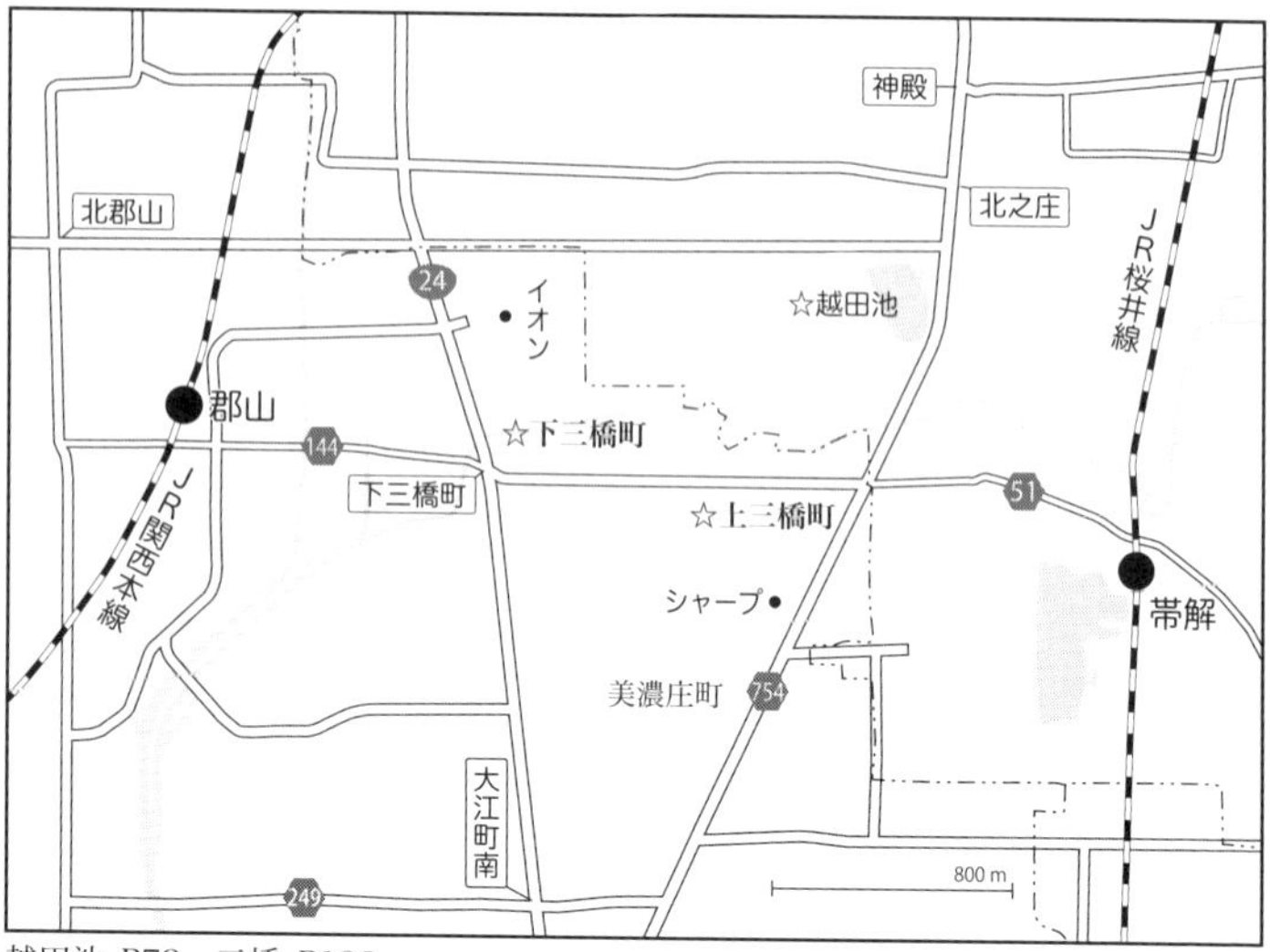

越田池 P72　三橋 P136

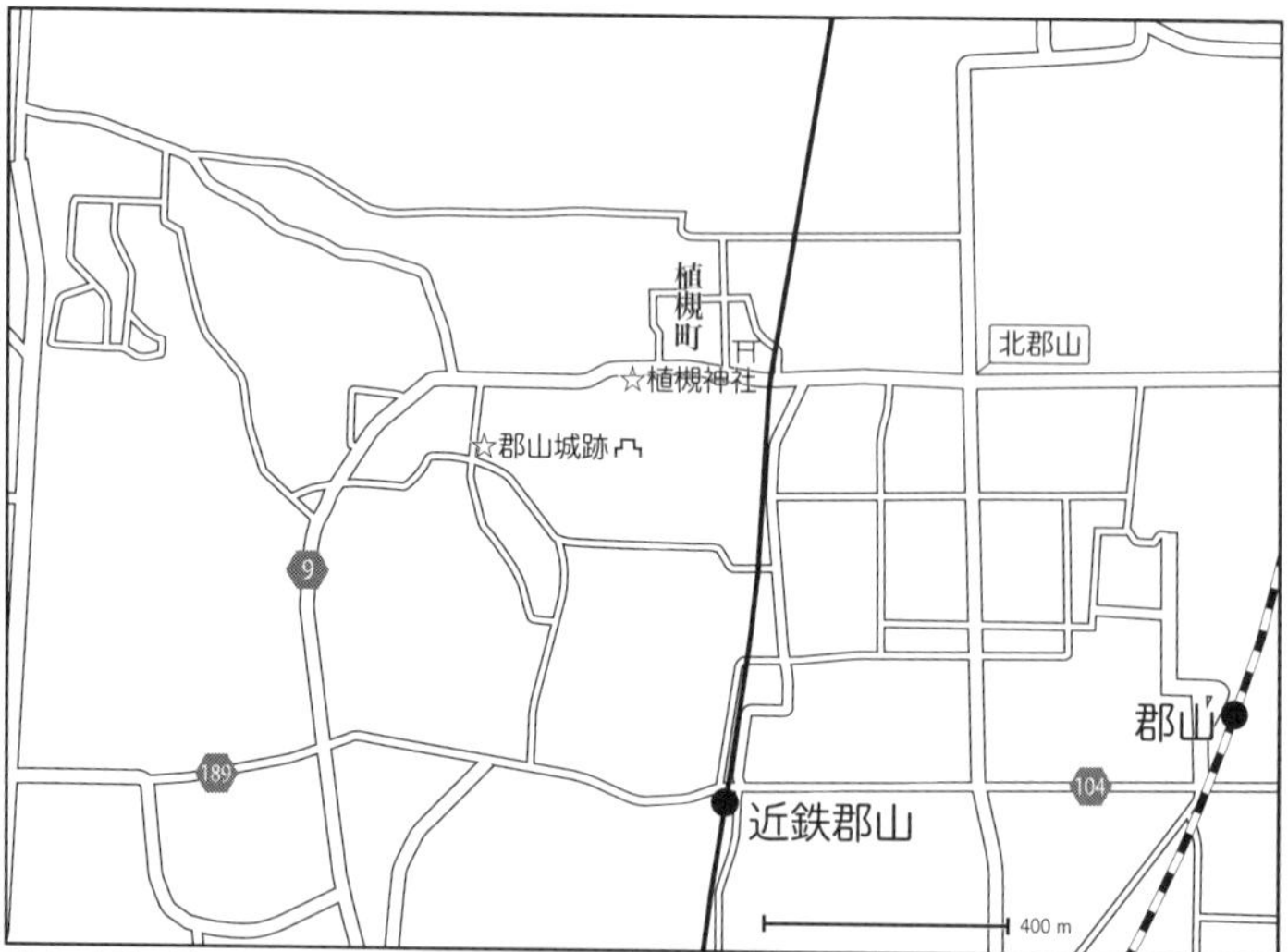

郡山（郡山城跡）P68　殖槻寺（植槻神社）P20

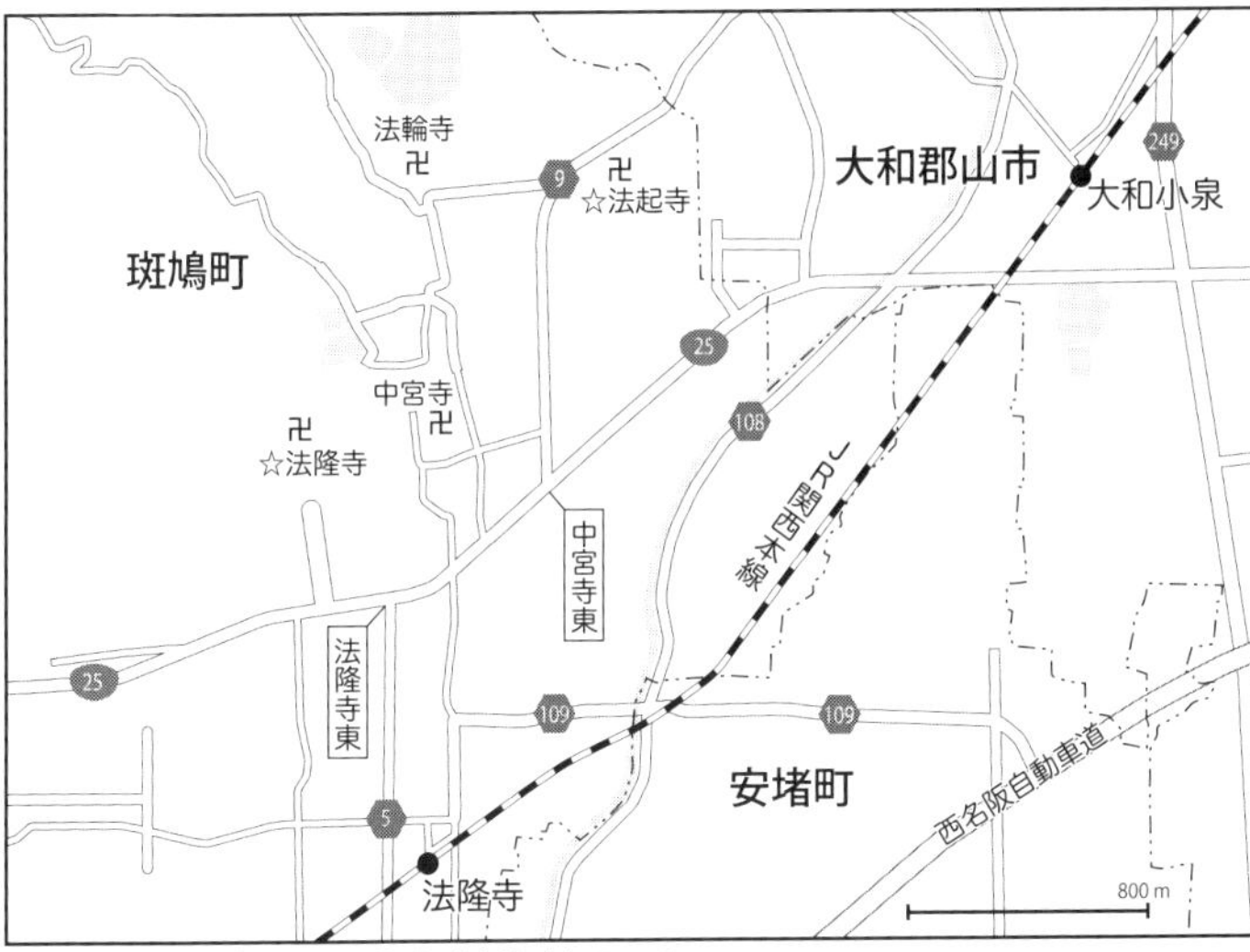

岡本寺（法起寺）P32　夢殿（法隆寺）P156

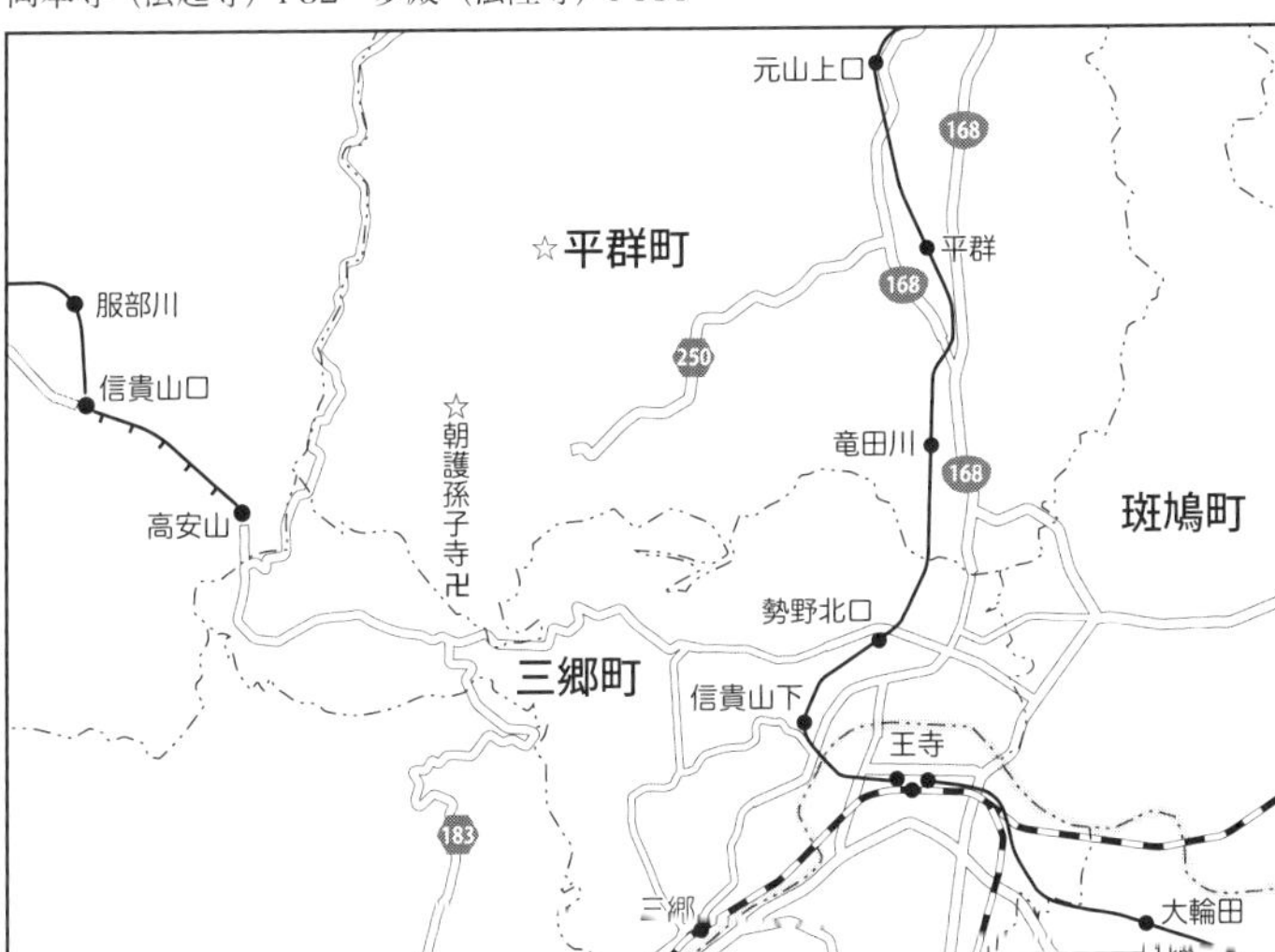

信貴山（朝護孫子寺）P84　平群 P128

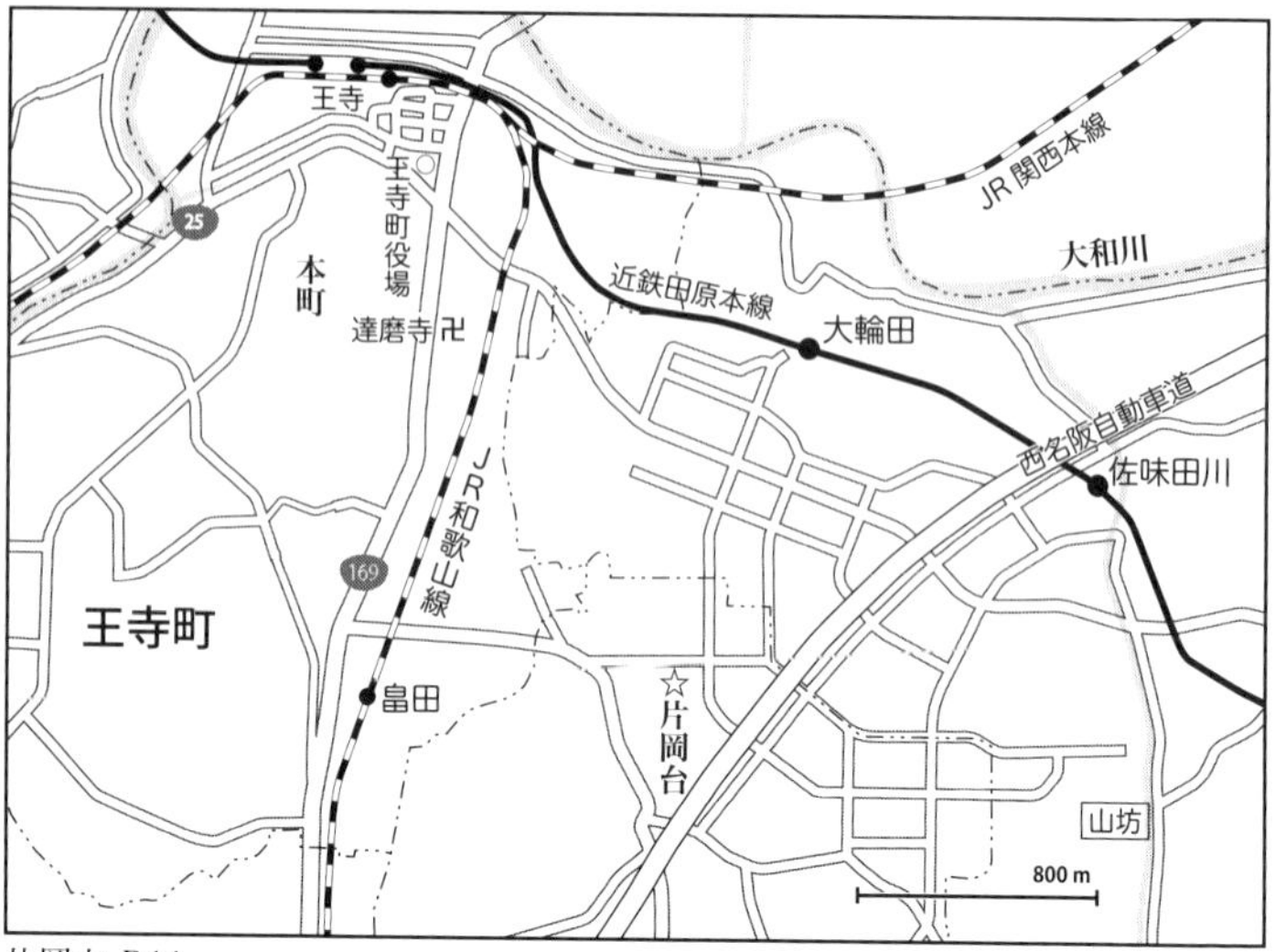

片岡山 P44

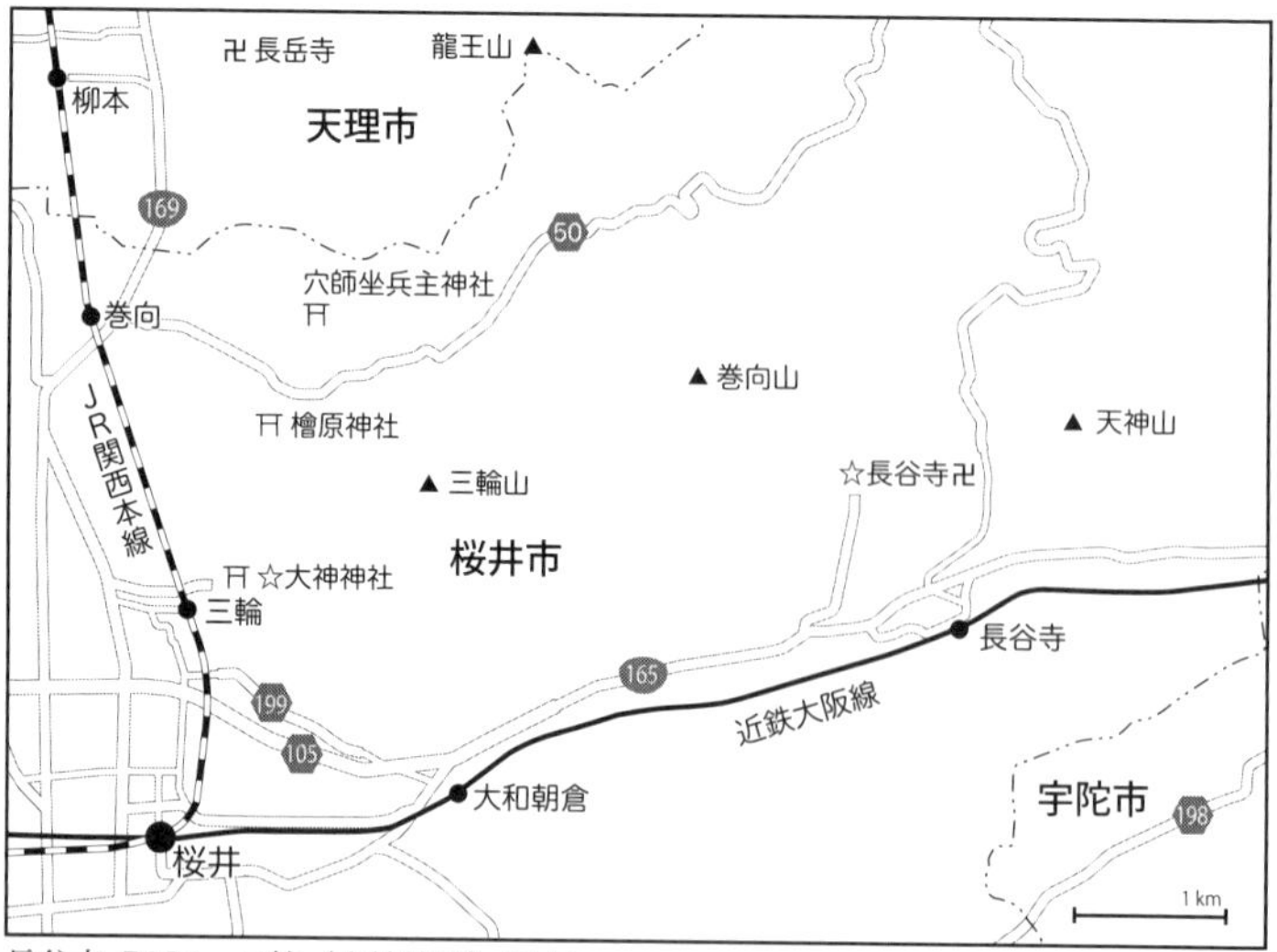

長谷寺 P124　三輪（大神神社）P140

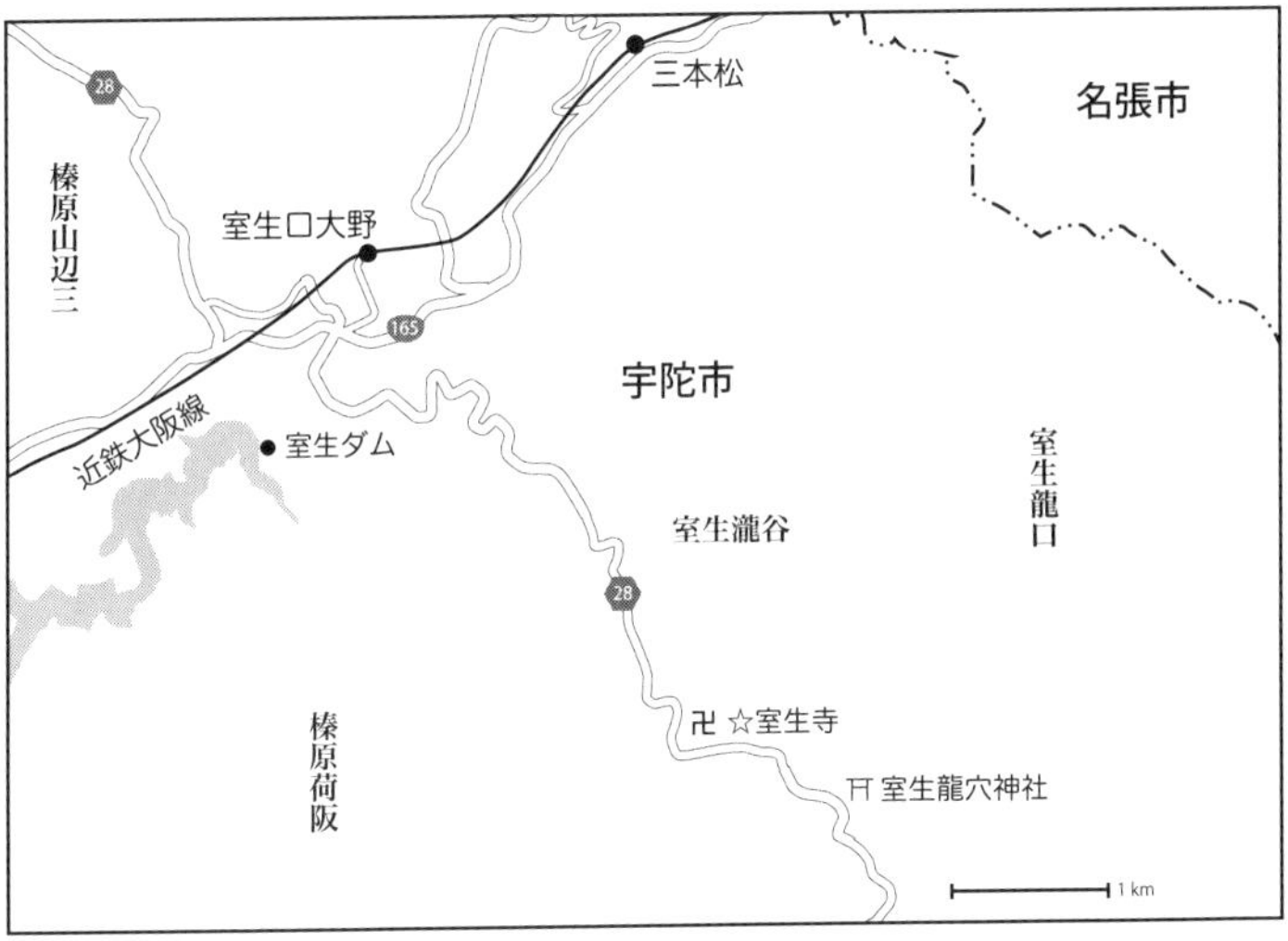

室生寺 P144

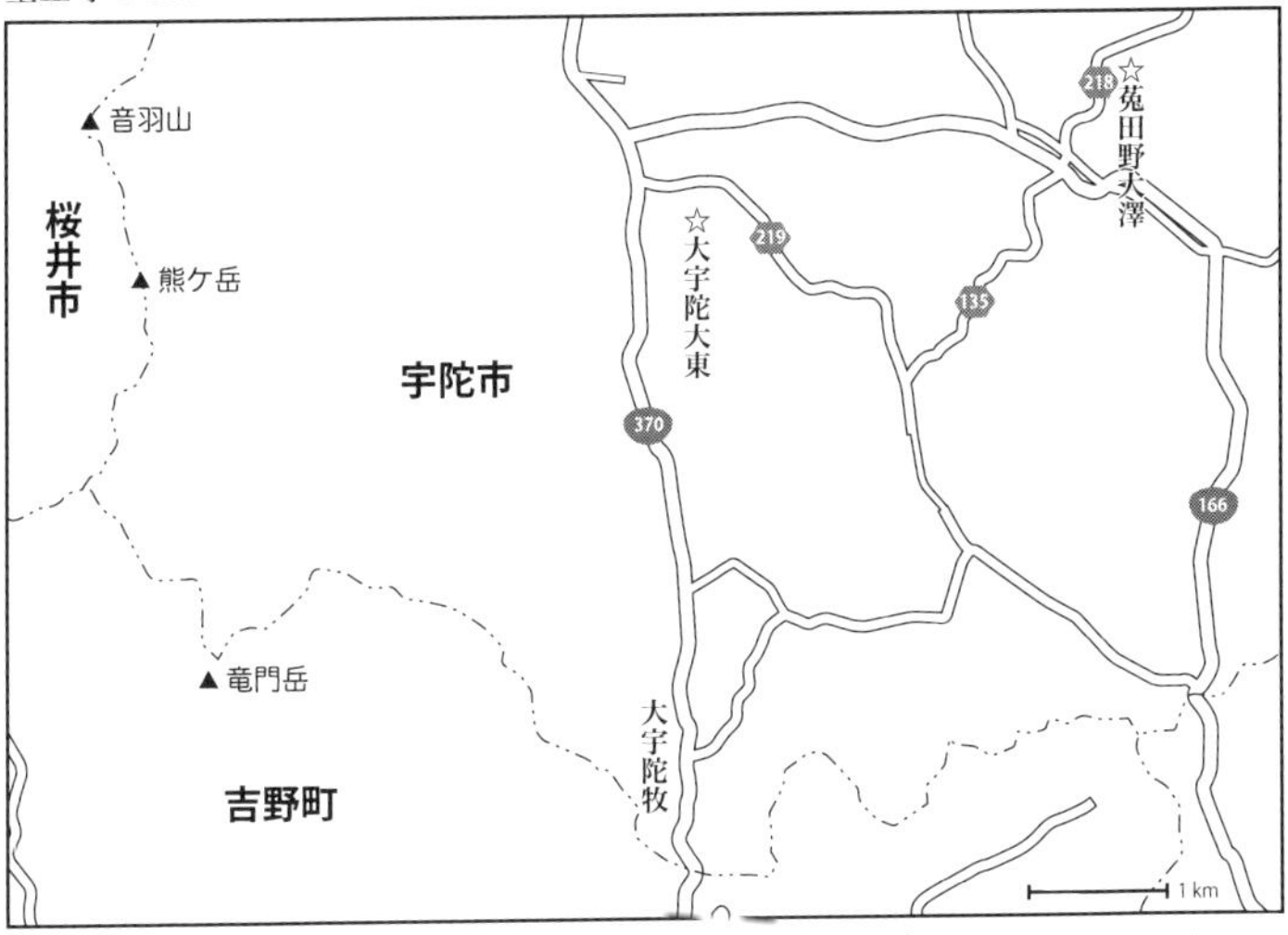

宇太郡（菟田野大澤、うだの地名は湿地を意味する浮田に由来するとの説もある） P24
大東寺（大宇陀大東の奥地にあった東明寺跡が大東寺の址との説もある） P100

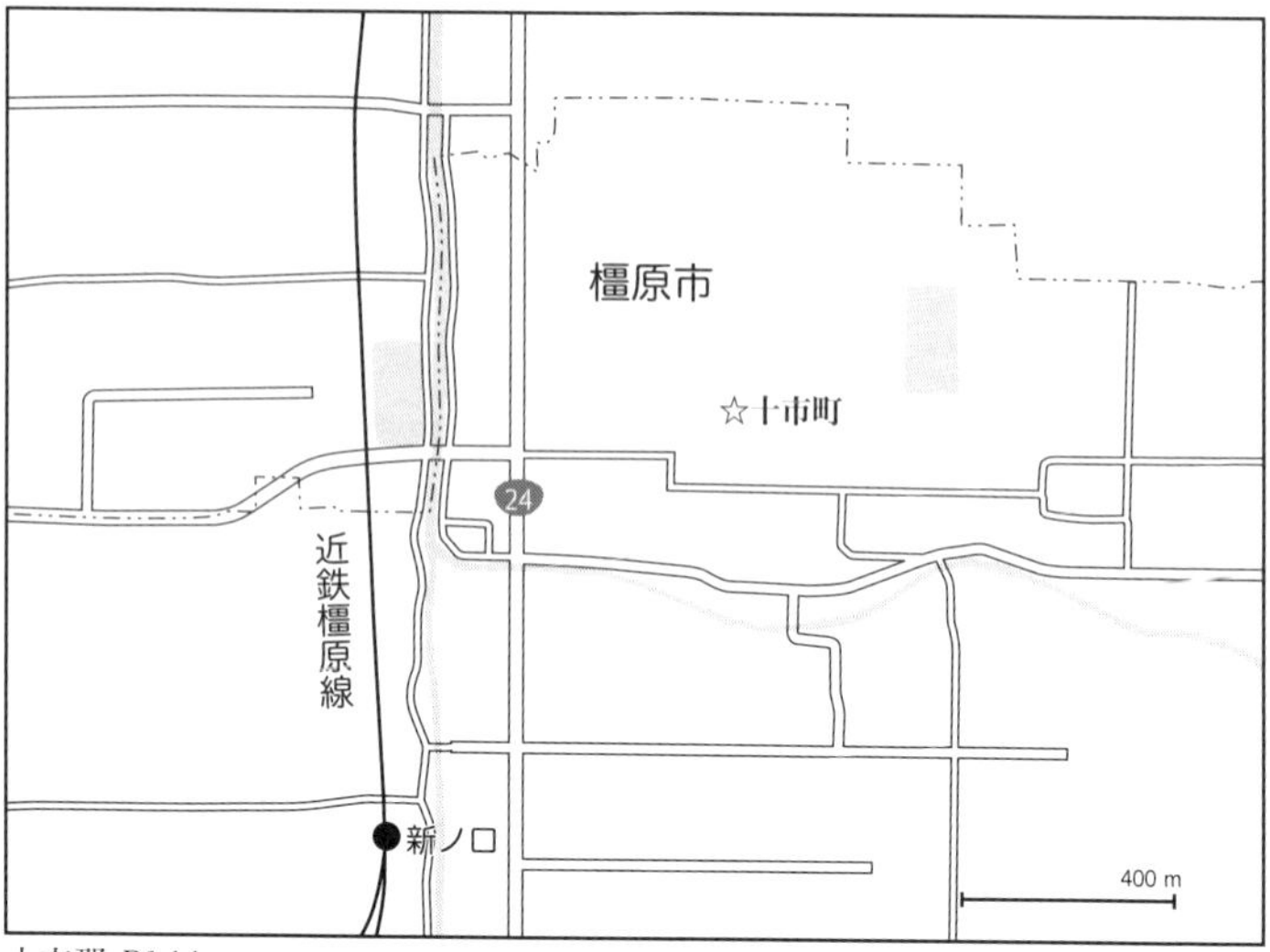

十市郡 P144

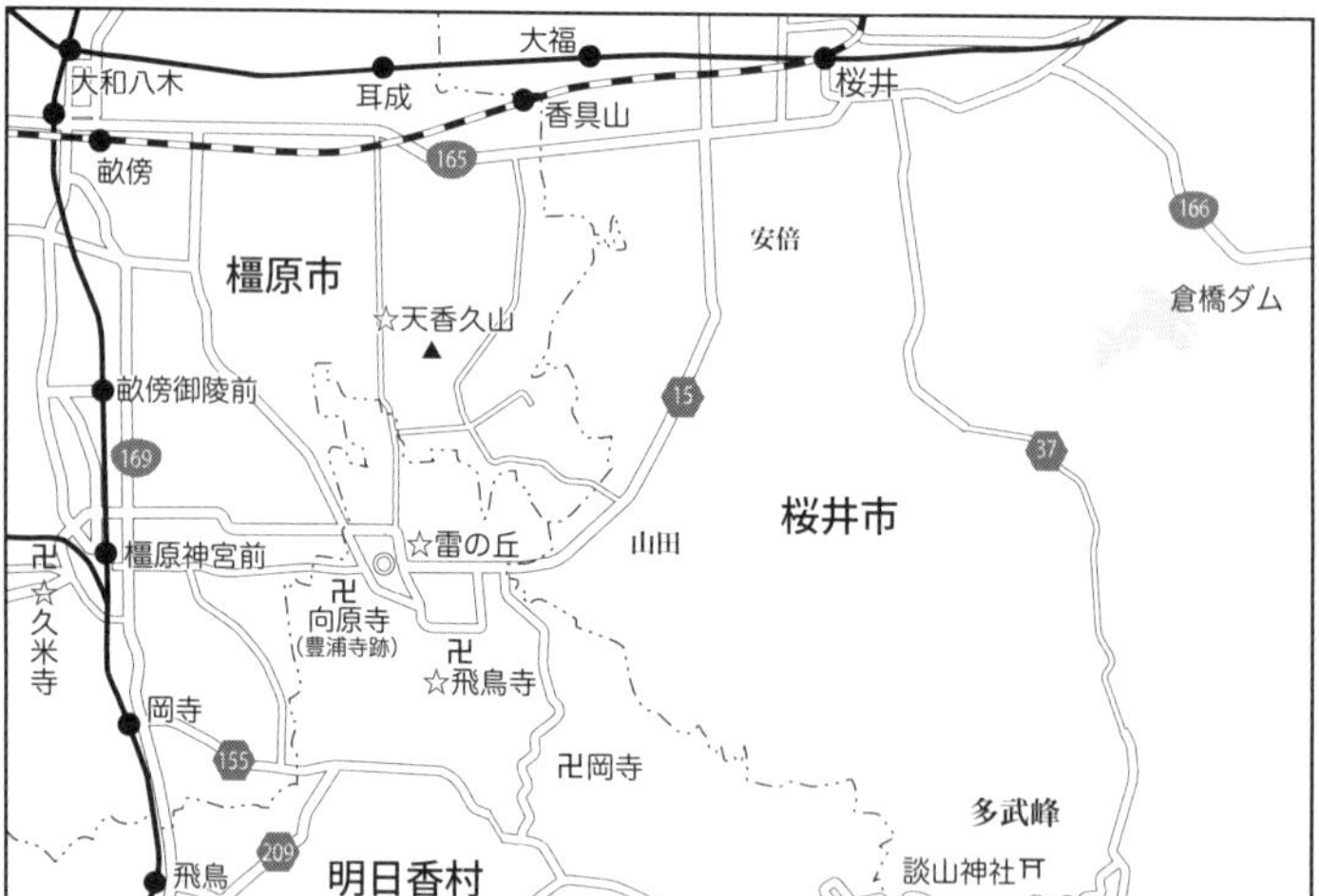

雷の岡 P8　香具山(天香久山) P36　久米寺 P56　本元興寺(飛鳥寺) P148

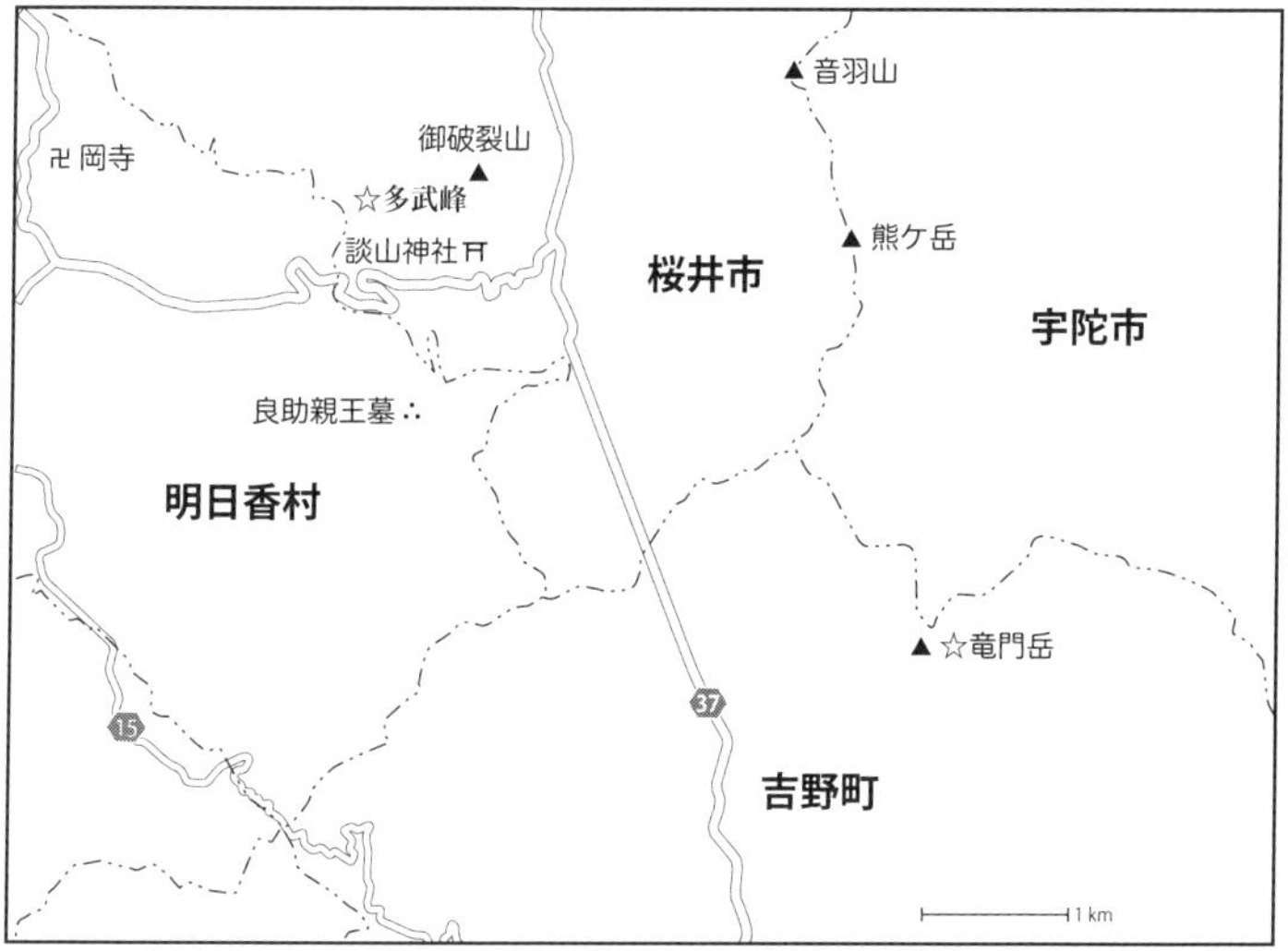

多武峰 P108　竜門 P164

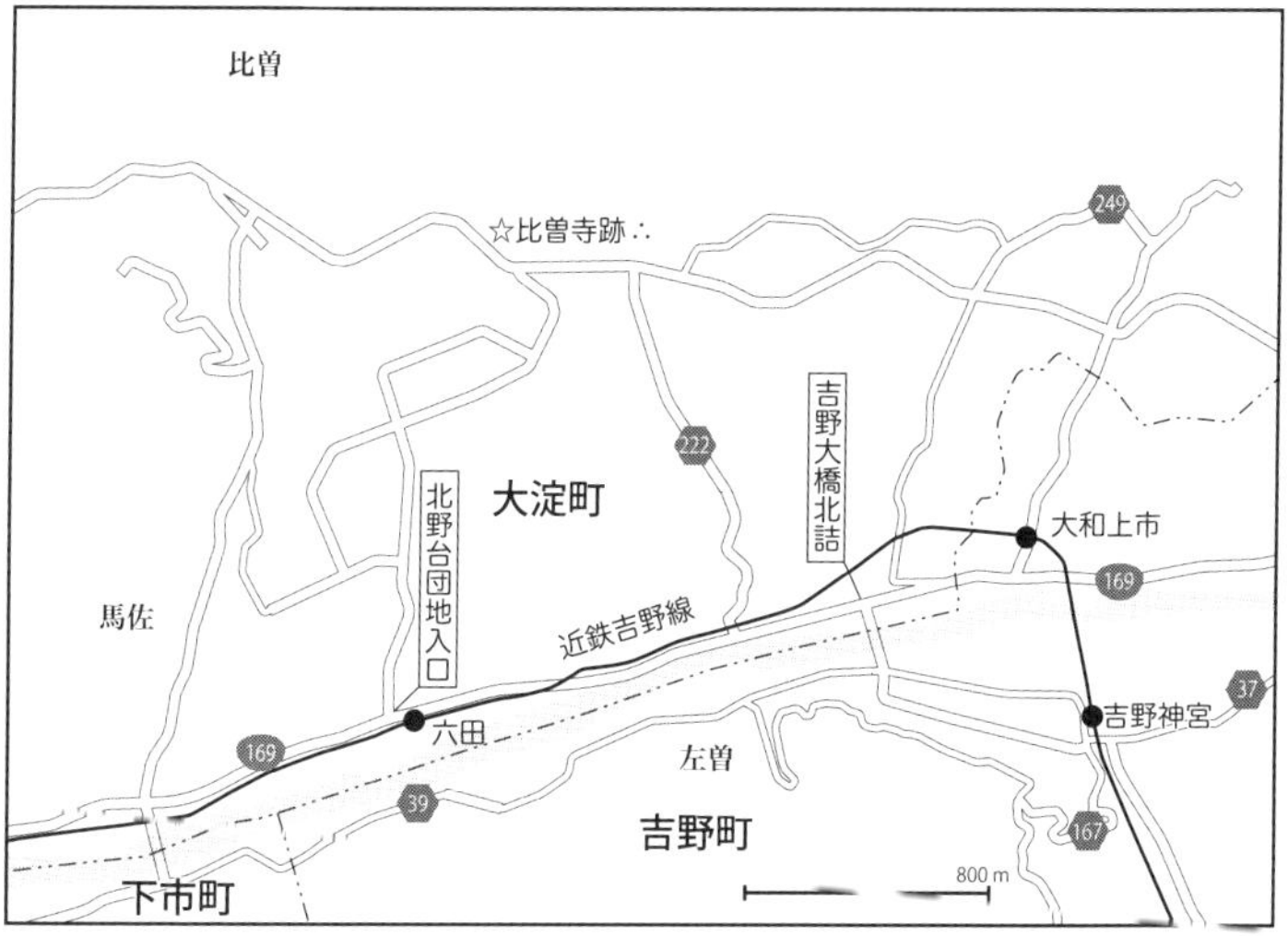

現光寺（比曽寺跡）P60

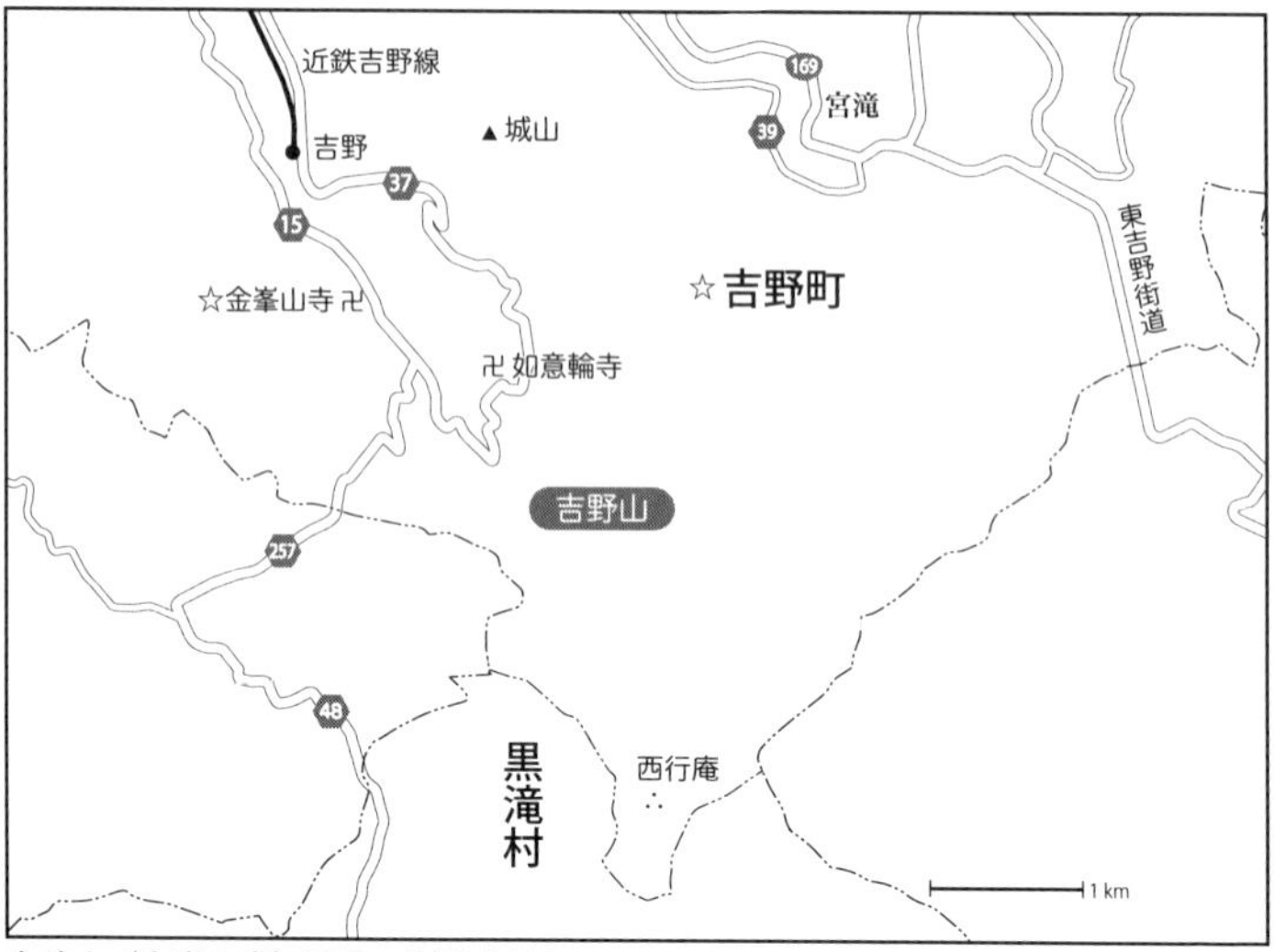

金武山（金峯山寺）P52　吉野 P160

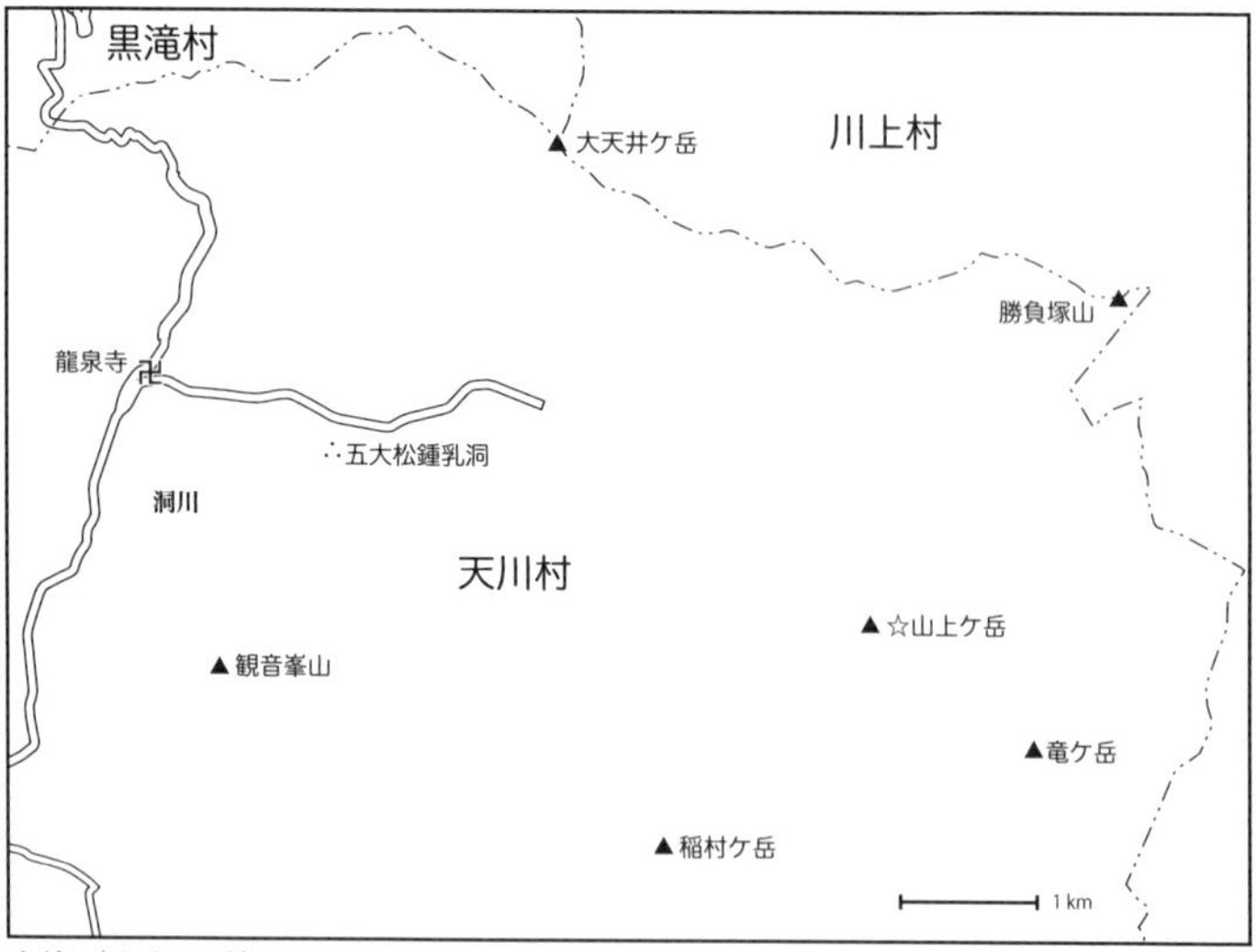

大峰（山上ケ岳）P28

出典

『宇治拾遺物語《うじしゅういものがたり》』

金武山、猿沢池、大安寺、長谷寺、竜門

説話集。編者未詳。二冊。十三世紀前半の成立か。

『伽婢子《おとぎぼうこ》』

郡山

仮名草子。浅井了意《あさいりょうい》作。十三巻十三冊。寛文六年（一六六六）刊。

『御伽百物語《おとぎひゃくものがたり》』

二條村

浮世草子。青木鷺水《ろすい》著。六巻。宝永三年（一七〇六）刊。

『御伽物語《おとぎものがたり》』
香具山
仮名草子。富尾似船《とみおじせん》著。五巻五冊。延宝五年（一六七七）刊。
『義経記《ぎけいき》』
大東寺
軍記物。八巻。作者不詳。室町初期から中期の成立か。
『古今著聞集《ここんちょもんじゅう》』
春日大社
説話集。橘成季《たちばななりすえ》編。二十巻三十編。建長六年（一二五四）成立。
『古事談《こじだん》』
西大寺、東大寺、室生寺
説話集。源顕兼《あきかね》編。六巻。成立年未詳。

『今昔物語集《こんじゃくものがたりしゅう》』
石淵寺、殖槻寺、岡本寺、元興寺、久米寺、現光寺、越田池、信貴山、奈良坂、三橋、三輪、本元興寺、薬師寺、夢殿
説話集。撰者未詳。三十一巻。一一二〇年代頃に成立か。

『西鶴諸国《さいかくしょこく》ばなし』
生駒、吉野
説話集。井原西鶴作。五巻五冊。貞享二年（一六八五）刊。

『十訓抄《じっきんしょう》』
菅原寺
説話集。著者未詳。三巻十編。建長四年（一二五二）成立。

『沙石集《しゃせきしゅう》』
片岡山、興福寺、菩提山
説話集。無住《むじゅう》著。十巻。弘安六年（一二八三）脱稿。

『曽呂利物語《そろりものがたり》』

大峰

仮名草子。編著者未詳。五巻五冊。寛文三年（一六六三）刊。

『竹取物語《たけとりものがたり》』

十市郡

物語。一巻。作者未詳。平安時代初期成立。

『日本霊異記《にほんりょういき》』

雷の岡、宇太郡、添上郡、平群

説話集。景戒《きょうかい》編。三巻。弘仁年間（八一〇～八二四）の成立。

『発心集《ほっしんしゅう》』

多武峰

説話集。鴨長明《かものちょうめい》著。八巻。成立年未詳。

おわりに

数百年、時には一千有余年もの間、歴史の風雪に耐えて営々と伝えられてきた、奈良の伝説や説話の数々。それらは民俗の至宝というべき作品群であるにもかかわらず、古語で綴られているというだけの理由で、短気で面倒くさがりの現代人から、敬遠されている。

それが無性にくやしかった。座視するに忍びなかった。

そこで、頼まれもしないのにまかり出て、名篇たちを現代語に訳し編綴してみたのが、この一書である。

そして本書を世に出して下さった朱鷺書房の嶝牧夫様、そして、最終一頁まで私の粋狂にお付き合い下さった読者の皆々様へ、深甚の謝意を表する次第。恐惶謹言。

著　者

【著者経歴】

福井　栄一（ふくい・えいいち）

大阪府吹田市生まれ。京都大学法学部卒。京都大学大学院法学研究科修了（法学修士）。上方文化評論家。四條畷学園大学客員教授。京都ノートルダム女子大学非常勤講師。日本の歴史・文化・芸能等に関する講演を国内外の各地で行う。著書は『増補版 上方学』（朝日新聞出版）、『説話をつれて京都古典漫歩』（京都書房）、『イノシシは転ばない』（技報堂出版）など、累計三十冊に迫る。剣道二段。

http://www7a.biglobe.ne.jp/~getsuei99

説話《せつわ》と奇談《きだん》でめぐる奈良《なら》

2019年２月20日　　第１版第１刷

著　者　福井栄一

発行者　嶝　牧夫

発行所　株式会社朱鷺書房

奈良県大和高田市片塩町8-10（〒635-0085）
電話 0745-49-0510　Fax 0745-49-0511
振替 00980-1-3699

印刷所　モリモト印刷株式会社

ISBN978-4-88602-927-0 C0021　©2019
ホームページ http://www.tokishobo.co.jp